GERD GRÜNEISL

KUNST & KREMPEL

FANTASTISCHE IDEEN
FÜR KREATIVES GESTALTEN MIT KINDERN,
JUGENDLICHEN UND ERWACHSENEN

Ökotopia Verlag, Münster

Impressum

Autor:	Gerd Grüneisl
Fotos:	Gerd Grüneisl und Albert Kapfhammer
Titelgestaltung:	Tacke, Neumann & Partner, Duisburg
Lektorat:	spielinform, Ralf Dollweber
Satz und Druck:	Druckwerkstatt Hafen GmbH

© 1997 by Ökotopia Verlag, Münster

Danksagung

Danken möchte ich allen FreundInnen und MitarbeiterInnen, die das Projekt „Kunst & Krempel"
tatkräftig unterstützt und gefördert haben. Vor allem sei aber all den vielen Kindern gedankt, die
einmal mehr bewiesen haben, dass sie in der „freien Wildbahn" anders sind als am Vormittag in
der Schule: Aufgeschlossen, motiviert, begeisterungsfähig, an Tätigkeiten interessiert, fantasiebe-
gabt, entgegenkommend, verständnisvoll und vor allem lustig. Es bräuchte nur noch eine andere
Schule, aber darüber gibt es schon dicke Bücher.

München/Breitenberg im Juni 1997

Gerd Grüneisl

Dieses Buch wurde auf garantiert chlorfreiem, umweltfreundlichem Papier gedruckt. Im Bleich-
prozess wird statt Clor Wasserstoffperoxid eingesetzt. Dadurch entstehen keine hochtoxischen
CKW(Chlorkohlenwasserstoff)-haltigen Abwässer.

CIP-Titelaufnahme der Deutschen Bibliothek

Grüneisl, Gerd: Kunst & Krempel : Fantastische Ideen für kreatives Gestalten mit Kindern,
Jugendlichen und Erwachsenen, Lektorat: Ralf Dollweber, - Münster : Ökotopia Verl., 1997
  ISBN 3-931902-14-5

Inhalt

Vorwort 5

Tom kann es nicht abenteuerlich genug sein
oder: Vom Umgang der Kinder mit Fantasie und Wirklichkeit 8

Frühstück im Grünen
oder: Das Atelier im Park und die Öffentlichkeit 21
Großbilder in der Landschaft 25
Die Malschaukel 30
Das Malstudio 32
Tafelschwarz 33
Kindergroße Stoffpuppen 34
Erdbilder: Mit Lehm und Wasser malen 34
Himmelsbilder 35
Malen mit Hand und Fuß 36
Sonnenlicht und Schatten 38
Bunte Träume auf Seidenstoff 39

Die Ästhetik der Dinge
Krempel, Industrieabfall und Naturmaterialien 41
Vom Baum zum Holzwurm: Holzskulpturen aus Bau(m)steinen 44
    „Denkmal – schau mal!": Urviechereien 46
    „Störe meine Kreise nicht!": Totempfähle und Farbtupfen 47
Farborgel im Park 48
Der Stoff, aus dem die Träume 50
    Stoffbilder 50
    Windräder 52
    Verhüllte Landschaft 53
Aus der Küche fliehender Holzstuhl: Environment I 53
Fenster in Kinderseelen: Bilder auf Fensterglas 55
Vergängliche Mode: Papierkleider 57
Kochlöffel-Orchester: Figurentheater 58
„Das bin ich doch nicht selber?" - Spiegelkabinett 59
Gräser, Blätter, Blüten, Wolle, Steine: Bilder aus Naturmaterialien 60
    Blätter und Blüten 60
    Kieselsteine 61
    Spinnereien mit Wolle 61
Reißen, Schneiden, Kleben: Collagen - nicht nur - aus Zeitschriften 63

Kinderkultursachen mit Eigensinn
Von der Verwandlung der Dinge 65
Imaginäre Landschaften: Bauen mit Holzabfällen 67
Zerstören und Gestalten: Mosaikbilder 69

„...was raschelt im Stroh?" - Puppen, Tiere, Vogelscheuchen 71
Ücker lässt grüßen: Nagelbilder 72
„Ärchäologische Funde": Museum der Nichtigkeiten 72
„Festgemauert auf der Erde ...": Formen aus der Bildhauerwerkstatt 73
    Lieblingsspeisen, für die Augen angerichtet 74
    Nationengalerie: Menschen aus aller Welt 75
    Elefant, Giraffe, Krokodil 76
    So hart wie Stein: Ganzkörperfiguren aus Gips 77
Wasserspiele: Die Kunst des Wartens 78
Die Natur rächt sich bitterlich: Stillleben aus Obst und Gemüse 79

Wenn viele gemeinsam das Gleiche tun
Fantasietätigkeit mit sozialer Dimension 80
Große und kleine Objekte aus Pappmaschee 82
    Hand, Nase, Ohr: Tast-, Riech- und Hörkästen 82
    Der Wunschbaum 82
    Kleine Dinge aus leichtem Stoff: Figuren aus Styropor 83
    Viele Hände schaffen Großes 84
Leben wie in früheren Zeiten: Formen aus Lehm 85
Babylonische Kartonbauten 86
„Fünf auf einen Streich": Malen in Gruppen 87
Runde Luft an langer Leine 89

Der Schnee von gestern in den Flüssen von heute
Kunstwerke bewahren Geschichte und Alltag 92
Das lebende Kunstwerk: Der Maler Pieter Brueghel und seine Zeit 95
„Einem Kunstfälscher auf der Spur": Kandinsky, ein Revolutionär mit dem Pinsel 98
Kinder sehen ihre Wirklichkeit 100
    Karikierende Kompositionen aus Schnippelbildern 101
    Holzfiguren als lebensgroße Szenen 103
    „Roter Stuhl stellt sich Fahrrad in den Weg": Environment II 103
„Bühnenbilder der Erfahrung": Objektkästen und weitere Environments 104
    Nach uns die Sintflut:
    Der Ölkrieg als Spektakel - beeindruckend und angstmachend zugleich 105
    Straßen fressen unser Land 106
    Das andere Bauwerk: Ein Ozon-Denkmal 107
Wie Kinder wohnen wollen: Architekturentwürfe für morgen 107

Literatur 109

Der Autor 110

VORWORT

Das vorliegende Buch zeigt Anregungen und Praxisbeispiele für den ästhetischen, sinnlich-konkreten Umgang mit Materialien, die überall zu haben, zu besorgen und manchmal auch zu finden sind. Nicht alle Werkanleitungen sind neu erfunden, allerdings wird für den Verwendungszusammenhang in einer neuen, alternativen Form der kreativen Arbeit mit Kindern Originalität beansprucht.

Dabei ist zu berücksichtigen, dass die Kinder sich nicht voraussetzungslos auf die Angebote zur fantasievollen Gestaltung mit Materialien einlassen, sondern vielfach negative Erfahrungen und Einstellungen von zu Hause oder aus der Schule mitbringen. Grundsätzlich ist bei vielen Kindern festzustellen, dass ihnen der handwerkliche und praktische Umgang mit Werkzeugen und Materialien eigenartig fremd geworden ist, weshalb diese Form der Auseinandersetzung mit solchen Dingen allein schon fast seine Berechtigung erhält.

Die Defizite erklären sich aus der stetigen Reduzierung praktischer Tätigkeiten in Schule und Lebensumfeld ebenso, wie aus den Wohnsituationen, in denen die Kinder aufwachsen und die keine lauten sowie Schmutz verursachenden Tätigkeiten mehr zulassen. Materialintensive und raumgreifende Beschäftigungen mit handwerklicher, künstlerischer Praxis müssen also außerhalb gewohnter Spiel- und Lernräume für Kinder und Jugendliche angeboten werden. Findet sich dafür keine aufgelassene Fabrikhalle, kein altes Haus, tut es auch eine Wiese oder ein brachliegendes Gelände.

Dieses Buch wurde geschrieben, um Menschen, die bereit sind, Ähnliches zu unternehmen, Mut zu machen. Dazu wurden einzelne Aktivitäten und Aktionen, die ursprünglich zur kulturellen Bearbeitung bestimmter Themen wie *Stadt, Kinder und Politik, Augenschmaus und Gaumenfreuden* in größere Projektzusammenhänge eingebettet waren, herausgelöst und unabhängig davon beschrieben. Das hat den Vorteil, dass Sie das Buch wie eine Fundgrube benutzen können, wenn Ideen für ein Kinderfest, eine Jubiläumsfeier, einen Schullandheimaufenthalt, eine Spielaktion, einen Regennachmittag oder eine Freizeitmaßnahme gesucht werden. Zusätzlich machen es einem die vielen illustrierenden Fotos leicht sich anregen zu lassen.

Von Nachteil ist allerdings, dass der innovative Impuls der Projektidee, wenn überhaupt, nur noch verkürzt erkennbar wird. Dieses Manko ist aber gegenüber den Vorteilen dieser Art der Präsentation zu vertreten, da die allgemeine Projektkonzeption und die bildungstheoretische Diskussion für interessierte LeserInnen ausführlich in unseren *Kulturpädagogischen Lesebüchern (1)* dargestellt sind.

Im Übrigen ist den einzelnen Kapiteln jeweils eine kurze theoretische Einführung und Begründung vorangestellt, die allerdings damit zu kämpfen hat, dass gerade die Kürze oft eine Pointierung verlangt, die den gemeinten Zusammenhängen nicht immer gerecht werden kann. Hierfür werden die LeserInnen um Nachsicht ersucht.

Die Projektideen insgesamt stammen aus dem Arbeitszusammenhang von KULTUR & SPIELRAUM, einem seit vielen Jahren im außerschulischen Bereich der Kinder- und Jugendkulturarbeit tätigen Verein, der im Auftrag des Sozialreferats/Jugendamts der Stadt München die meisten dieser Projekte geplant, organisiert und mit Kindern und Jugendlichen an vielen Orten im Stadtgebiet realisiert hat. Die kulturpädagogischen Projekte, aus denen die Methodenbausteine entnommen wurden, beziehen sich jeweils auf einen spezifischen Aspekt der Gesamtkultur, soweit er für Kinder und Jugendliche besonders relevant ist. Dabei geht es vor allem darum, auswahlweise und exemplarisch nachzuweisen, wie ein Netzwerk außerschulischer Kinderkulturarbeit zu knüpfen wäre und wie die konsequente und logische Anwendung neuer Lernmethoden und Projektformen die Interessen und Lernmotivationen der Kinder und Jugendlichen unter heutigen Bedingungen fördern und befriedigen kann.

Um ein Missverständnis auszuschließen, sei hier nur angemerkt, dass auch ein solches kulturelles Lernen sowohl pädagogische Intentionen, als auch eine Didaktik braucht, die sich als eine Didaktik der Wirklichkeitsaneignung an den Lebensformen und Lerninteressen der Kinder und Jugendlichen orientiert. Allein darüber kann deren Teilnahme an Projekten erreicht werden. Den besten Beweis, dass dies nicht nur eine Utopie ist, liefert das Spielstadtprojekt MINI-MÜNCHEN (2), zu dem tagtäglich an die zweitausend Kinder und Jugendliche freiwillig in die Olympiahalle kommen, um dort für Stunden konzentriert an Schreibmaschinen Artikel für die Stadtzeitung zu schreiben, als Bankangestellte Bruch- und Prozentrechnungen auszuführen oder an Computern im Internetcafé weltweit Kontakte zum Thema „Kinderrechte" herzustellen.

Die „Fantasie an die Macht" hieß einmal eine Parole und dieser sind diese Projekte und dieses Buch im Interesse einer lebenswerten Zukunft der Kinder und Jugendlichen von morgen verpflichtet. „Kultur ist nicht alles, aber sie ist in allem. Sie ist das Maß für die Qualität einer Gesellschaft, genauso wie sie das Maß für die Künste ist. Die Künste wagen zu denken, was denkbar ist, und sie stellen die Möglichkeit gegen die Wirklichkeit. Sie sind ein höchst wirksames Mittel gegen die sanfte Gleichgültigkeit, die uns immer wieder die Zukunft versäumen lässt." (3)

TOM KANN ES NICHT ABENTEUERLICH GENUG SEIN

oder: Vom Umgang der Kinder mit Fantasie und Wirklichkeit

Fantasie und Wirklichkeit sind im Lebensalltag der Menschen untrennbar verbunden und als Einzelphänomene, ohne Bezug aufeinander, weder zutreffend zu fassen, noch adäquat zu beschreiben. Diese Tatsache wird besonders im pädagogischen Kontext weit gehend vernachlässigt und zeitigt dann eigentümlich abgehobene Aussagen über Kreativität und fantasiebegabte Kinder. Eine Fantasie aber, welche die Wirklichkeit nicht trifft und bearbeitet, ist wie ein Stern, der nicht strahlt.

Jeder Versuch, sowohl Fantasie als auch Wirklichkeit ohne Bezug zueinander zu untersuchen, führt zu falschen Annahmen und Aussagen. Es gibt weder die Fantasie an sich noch eine Wirklichkeit, die ohne sie überdauern könnte. In der bedeutungsvollen Auseinandersetzung mit der gegenständlichen Welt schafft sich der Mensch seine Wirklichkeit, um zunächst einmal zu überleben und dann darüberhinaus zur Entfaltung des praktischen und ästhetischen Kapitals, das in den Gegenständen und Dingen eingeschlossen ist.

Von Anbeginn an gilt dies sowohl für die Menschheit als Ganzes, wie für das einzelne Individuum in seinem Lebenszeitraum. Möglich wird dies durch eine dem Menschen eigene Produktivkraft, die sich in der sinnlich-gestaltenden Aneignung der Dinge dieser Welt zeigt: der Fantasie. Diese erlaubt es dem Menschen die Dinge, Werkzeuge und Tätigkeitsformen immer wieder weiter zu entwickeln und auch neu zu erfinden. Eine solche Sicht macht es auch möglich zu beschreiben, dass die Fantasie, ebenso wie das Denken oder Fühlen, eine Wesensfunktion bzw. eine psychische Kategorie (*Ich-Funktion*) des Menschen ist. Im Rahmen der Erziehung kann sie entwickelt oder aber beschädigt und verhindert werden. Allein die Befreiung der Fantasie aus den Fesseln ihrer Mystifizierung erlaubt es, die sozialen und gesellschaftlichen Bedingungen anzugeben, die für ihre Entwicklung günstig oder hinderlich sind.

Die reale Verknüpfung von Fantasie und Wirklichkeit hat eine wesentliche Bedeutung für den Bezug der Menschen zu ihren Lebenswelten. Es gibt schließlich nicht nur eine Wirklichkeit der Dinge und Gegenständlichkeit der Welt, sondern daraus folgend soziale und kulturelle Wirklichkeiten, in die hinein eine Person geboren wird. Dies ist nicht unabänderlich, wie die Biografien vieler Menschen belegen; aber es braucht Fantasie, um die Grenzen der jeweils vorgegebenen Lebenswirklichkeit zu überschauen und zu überwinden. „Über die Erschließung der empirischen Welt erschließt sich der Mensch selbst, erschließt er seine Bestimmung. Erst dabei gewinnt auch die Wirklichkeit sich selber." (4)

Damit gerät die Wirklichkeit als eine von Menschen gemachte in den Blick, die sowohl durch die Taten einzelner, wie auch die beharrliche Bearbeitung vieler Menschen jeweils eine andere und neue wird. Die genauen Daten und Verläufe sind als Geschichte der Menschen festgeschrieben. Diese benennt auch den Beitrag der Fantasie, die jeweils bestehende Wirklichkeit zu überwinden, sei es zum Guten oder Schlechten. Sie enthält zugleich die hoffnungsvolle Botschaft, dass die Wirklichkeit immer wieder veränderbar ist, auch gegen partikulare Interessen, Macht- und Herrschaftsansprüche von Menschen und Menschengruppen.

Nicht die Fantasie steht in Abhängigkeit von der Wirklichkeit, sondern der Mensch braucht die Fantasie, um sich seine Wirklichkeit für alle lebenswert und zukunftsorientiert gestalten zu können. Und vor allem die Kinder brauchen sie, damit sie einerseits ihre alltägliche Lebenswirklichkeit gegenwartsbezogen bewältigen und andererseits tragfähige Perspektiven für ihr zukünftiges Leben entwickeln können.

Brücken zwischen Fantasie und Wirklichkeit

Es gibt wohl kaum eine präzisere Beschreibung kindlicher Fantasietätigkeit, noch dazu in literarischer Form, als die von Mark Twain(5). Anhand seines Protagonisten Tom Saywer charakterisiert er den kindlichen Kosmos dieser inneren Vorstellungswelt, dessen bemerkenswerteste Eigenschaft darin liegt, dass die reale Wirklichkeit außer Kraft gesetzt werden kann, ohne diese selbst zu verleugnen. Doch hören wir Tom zunächst selbst einmal zu:

Plötzlich sagte Tom missmutig: „Weiß der Henker, die ganze Sache gefällt mir nich, läuft doch alles viel zu glatt und einfach ab. 's is wirklich schwer, einen recht schwierigen Plan auszuhecken. Hier gibt's keinen Wächter zu übertölpeln, keinen Hund einzuschläfern und der gute Onkel is so vertrauensselig, dass er uns Jims Befreiung gar zu leicht macht. Dazu haben sie Jims Bein nur mit einer dünnen Kette ans Bett gebunden, so dass man nur das Bett etwas hochzuheben braucht, und er is frei! Ja, Huck, da müssen wir eben selbst was erfinden, um das Unternehmen ein wenig abenteuerlich zu machen. Hast du nich irgendwas gesehen, woraus wir 'ne Säge anfertigen könnten?"

„Wozu brauchen wir denn 'ne Säge?"

„Na, das is doch klar, Huck, wir müssen doch das Bein von Jims Bett absägen, um die Kette loszukriegen."

„Aber Tom, du hast doch eben gesagt, man braucht nur das Bett anzuheben, um die Kette abzustreifen."

„Das sieht dir mal wieder ähnlich, Huck Finn, hast du denn nie gelesen, wie so 'ne Befreiung richtig vor sich geht? Ohne Säge is das gar nicht zu machen, ganz gleich ob -" hier unterbrach sich Tom und dachte angestrengt nach, dann seufzte er tief auf, schüttelte den Kopf und sagte: „Nein, s'geht beim besten Willen nich - 's is kein zwingender Grund vorhanden."

„Grund - wofür?"

„Na, Jim das Bein abzusägen."

„Himmlischer Vater!", rief ich. „Nein, das is wirklich nich notwendig. Was sollte das auch für'n Zweck haben?"

„Ja, siehst du, Huck, das steht nun alles in den Büchern drin. Wenn sie eben die Kette nich abkriegen konnten, dann sägten sie den Eingekerkerten einfach die Hand oder den Fuß ab, und schon waren sie frei!"

Hier zeigt sich die kindliche Fantasie von ihrer wildentschlossenen und anarchischen Seite als Antriebsmotor zur Auseinandersetzung mit der Welt. Alles ist möglich und alle bekannten Muster zur Lösung und Bewältigung einer Aufgabe werden in Erwägung gezogen, nur darf es nicht gar zu einfach sein.

Fantasie braucht Pläne, um auf die Wege zu kommen, und moralische Kategorien für ihre Entwürfe, weil zwar alles gedacht, aber nicht alles gemacht werden darf. Kinder bringen es widerspruchslos fertig, einerseits Sachverhalte wirklichkeitsgetreu zu registrieren und logisch zu beurteilen und andererseits sich aufgrund aktueller Bedürfnisse nach Weltaneignung, Selbstbestätigung und Befriedigung eigener Wunschvorstellungen eine eigene Wirklichkeitssicht zu konstruieren. Dies ist als positiver Aspekt zu sehen, weil damit Bewährungsproben für die eigene Handlungsfähigkeit herausgefordert und möglich werden.

In diesem Tätigwerden liegen die Wurzeln menschlicher Erkenntnis und die selbstbestimmte Handlung ist Antrieb und zugleich Regulator des Denkens. Kinder flüchten nicht in Fantasiewelten, sondern benützen noch unumwunden ihre Fantasiekräfte als Handlungsmotive; denn ihnen steht der Rückweg aus der Fantasie in die Wirklichkeit jederzeit offen. Die Wirklichkeit ist der Stoff der kindlichen Spiele, sowohl inhaltlich wie materiell. Über sie verfügen zu können, ist entscheidend für eine positive Entwicklung der Fantasie.

Unsere Kinder leiden aber an weitgehender Ausgrenzung von der Wirklichkeit, an einem verordneten „Schonraumsyndrom" und an mangelnder personaler Zuwendung als wesentliche Voraussetzung für die Teilnahme an sozialer Wirklichkeit. Dafür ist die mediale Vermittlung von Wirklichkeit kein Ersatz, zumal sie keine Rücksicht darauf nimmt, ob die Kinder sie begreifen und verarbeiten können. Die medialen Botschaften prägen aber nachhaltig das Bild der Kinder von Wirklichkeit, das mit ihrer eigenen Realität wenig zu tun hat.

Der Nährboden der Fantasietätigkeit ist somit beschränkt auf die Erfahrungsmöglichkeiten im Rahmen der eigenen Lebenswirklichkeiten, die nur in Ausschnitten repräsentativ sind für die der Erwachsenen. Auf diese hin aber ist Erziehung ausgerichtet. Damit kommt es notwendig zu Dissonanzen im Verständnis der zwei Wirklichkeitsdimensionen, da die Kinder sich schlauerweise nur die für sie brauchbaren Versatzstücke herausziehen und zu einer eigenen Sicht der Wirklichkeit entwerfen.  Diese Verarbeitung ist immer noch als konstruktive Leistung zu begreifen, auch wenn es zu falschen

Wirklichkeitsbildern und letztlich zu einem Unverständnis zwischen der erziehenden und der erzogenen Generation kommt.

„Im Laufe der ersten zwölf Lebensjahre ist das Kind zugleich Künstler und Wissenschaftler. Spielerisch und unvoreingenommen entdeckt es durch vielfältiges Ausprobieren die Welt und konstruiert seine Sichtweisen der Wirklichkeit." (6) Hieraus begründet sich, warum schon bei Kindern unterschiedliche Fähigkeiten im Umgang mit der Wirklichkeit zu beobachten sind. Das Erziehungsmilieu entscheidet darüber, ob die Entwicklung der Fantasietätigkeit gefördert, beschädigt oder gar ganz verhindert wird. Fantasielose oder -gestörte Kinder sind das Ergebnis einer meist rigiden, autoritären Erziehungsumwelt, die sowohl dem Spiel, wie seinen Äußerungen wenig oder kaum Verständnis entgegenbringt. „Was aber wird im Kind zerstört, wenn seine Fantasie abgetötet wird? Umfassend die Möglichkeit der ihm gemäßen Manifestation seiner selbst. Diese Möglichkeit aber ist die Bedingung der Selbstentfaltung. Zerstört wird demnach nichts Geringeres als die positive Bedingung für die Verwirklichung seiner Existenz." (7)

Kehren wir zu unserer Ausgangsgeschichte zurück: Huck Finn konnte sich sein Überleben in der Welt nur entlang der harten Realitäten sichern und sich deshalb den Luxus des frei verfügbaren Umgangs mit seiner Wirklichkeit kaum leisten. Dafür bildete er praktische Fähigkeiten aus in der Bewältigung aller misslichen Lebenssituationen. Nur für deren fantasievolle Überwindung, für die hoffnungsvolle Vorstellung, dass das Leben auch anders sein könnte, brauchte er die Hilfe Toms. Folgen wir der Geschichte unserer Helden weiter:

"Bis auf das Handwerkszeug is nun alles in Ordnung", begann Tom, „und das haben wir bald."
„Handwerkszeug?" fragte ich.
„Na ja, zum graben natürlich."
„Sind denn die alten Hacken und Schaufeln da drin nich gut genug, um 'nen Neger rauszugraben?"
Da warf er mir einen so mitleidigen Blick zu, dass man hätte heulen mögen, und sagte:
„Huck Finn, hast du jemals von 'nem Gefangenen gehört, der Hacken und Spaten und all den modernen Kram zur Verfügung hatte, um sich rauszugraben? Ich frage dich jetzt auf Ehre und Gewissen: was wäre da schon Besonderes daran? Man könnte ihnen ebenso gut den Schlüssel zur Kerkerzelle in die Hand drücken. - Hacken und Spaten! Das wäre -!"
„Ja, was sollen wir denn sonst nehmen?"
„Na, 'n paar Taschenmesser."

„Um 'nen unterirdischen Gang zur Hütte zu graben?"
„Ja."
„Ach, Tom, das is ja verrückt."
„Verrückt oder nich verrückt, darauf kommt's hier nich an, jedenfalls ist's allgemein so üblich. Alle die Gefangenen, von denen ich gelesen habe, graben sich mit 'nem Taschenmesser aus, und sogar durch die dicksten Felsen. Das dauert dann Wochen und Monate, manchmal sogar Jahre. Einer - ich glaube, 's war der Graf von Monte Christo - hat sogar siebenunddreißig Jahre gegraben, bis er raus war. Aber bei Jim können wir solange nich brauchen, denn Onkel Silas wird bald erfahren, wo Jim her is und ihn Miss Watson zurückschicken. Wir müssen's schon 'n bisschen schneller machen."

Ersichtlich wird die Fantasie als Erfahrungsmodus der Kinder: Sie definiert eine bestimmte Art zur Welt und Wirklichkeit Beziehungen herzustellen. Sie ist in der Regel Teil der Bedeutung oder des Sinns einer Aktion. Sie hat immer mit Erfahrungen zu tun und ermöglicht in unserem Verhalten mit den Bezügen zwischen Erfahrung und Wirklichkeit umzugehen. Immer vorausgesetzt, dass Fantasiearbeit zugelassen und zugleich die Wirklichkeit nicht verlassen wird. Dies führt in logischer Konsequenz zum Motto aller Fantasietätigkeit: *Suche, aber wonach gesucht wird, wirst du erst wissen, wenn es gefunden ist!*

Gerade dieser Weg ist den meisten Erwachsenen verwehrt, die irgendwann zwischen Kindheit und Erwachsenenleben ihre Fantasiefähigkeit verloren haben. Zum einen wird dadurch das Erwachsenenleben so langweilig und zum anderen führt es dazu, dass die wenigsten Erwachsenen noch mit Kindern spielen können und wollen; denn dies stößt sie permanent auf ihre eigene Fantasielosigkeit. Freud hat das treffend beschrieben: „Das Zwischenreich der Fantasie ist durch allgemein menschliche Übereinkunft gebilligt, und jeder Entbehrende erwartet von daher Linderung und Trost. Aber den Nichtkünstlern ist der Bezug von Lustgewinn aus den Quellen der Fantasie sehr eingeschränkt. Die Unerbittlichkeit ihrer Verdrängungen nötigt sie, sich mit den spärlichen Tagträumen, die noch bewusst werden dürfen,

zu begnügen." (8) Kinder und auch noch die KünstlerInnen haben damit keine Probleme und können den Königsweg der Fantasie beschreiten.

Erkenntlich wird, warum in unseren institutionellen Erziehungseinrichtungen Fantasie und damit auch das Spiel so untergeordnete Rollen spielen oder kaum vorkommen: Erkenntnisziele und Lernwege der Wissensaneignung sind bereits festgelegt bis hin zu den Zeiten, wann diese Ziele zu erreichen sind. Dabei ist es ganz gleich, ob es sich um Inhalte materieller, intellektueller oder sozialer Art handelt. Didaktik besteht dann nur noch daraus, so zu tun, als wäre da etwas mit Fantasie, selbstbestimmt und selbst organisiert zu suchen. Das ist der Betrug der Schule an den Kindern und das durchschauen diese auch sehr schnell und wenden sich den kulturindustriellen Konsumangeboten zu, die ihnen nichts versprechen, aber alles voraussetzungslos bieten. Kinder, die von klein auf durch eine Werbe- und Kulturindustrie eine Produktpalette zur, wenn auch nur scheinbaren, freien Auswahl von Waren und Lebensstilen vorgeführt bekommen, können schlecht von eindimensionalen, frontalen Lernmethoden überzeugt werden.

Gleichzeitig erfahren oder erleben sie sogar zu Hause, dass der Industriegesellschaft die Arbeit ausgeht, womit Lernen als Vorbereitung fürs Leben sowieso obsolet wird. In der Erwachsenenwelt finden sie eine Welt voller Widersprüche, in der die Zerstörung des Lebens einhergeht mit der gesteigerten Sucht nach Genuss, in der Unempfindlichkeit, Sorglosigkeit und Gleichgültigkeit in sozialen Beziehungen zur Normalität gehören und die Fantasie nur mehr als Etikett zur Aufwertung aller Banalitäten missbraucht wird. „Der gesellschaftliche Auftrag, den Kindern zu helfen, in dieser Welt erwachsen zu werden, ist nicht mit Bildung und Ausbildung allein zu erfüllen und dadurch, dass nur die Kinder lernen. Wir müssen systematische Anstrengungen machen, eine „erziehliche" Umwelt herzustellen; zu viel von dem, was Kinder - und Erwachsene - täglich erfahren, widerspricht, widersetzt oder entzieht sich dem, was wir in der Schule lehren." (9)

Die Sinne wieder entdecken

Die Entfaltung der Sinne und damit der Sinnlichkeit ist heute eine pädagogische Forderung, die sogar in kultusministeriellen Erlassen ganz oben steht. Die Einsicht ist nicht mehr zu umgehen, dass damit auch eine Sinnproduktion intendiert ist, die sowohl schulische wie auch gesellschaftliche Zusammenhänge betrifft. Von dieser Seite wird natürlich als Grund dafür ein zu beobachtender „Werteverlust" angeführt, als wären es anonyme Kräfte, die ihn bewirkten und nicht eine pädagogische Realität, die Wandel und Veränderungen der sie umgebenden Gesellschaft und daraus resultierende, veränderte Alltagserfahrungen der Kinder nicht in neue pädagogische Handlungsperspektiven umzusetzen vermag. „Die wahre Not der Schule liegt woanders: in der anhaltenden Langeweile und der eigentümlichen Verbindung aus Permanenz, Forderung und Bedeutungslosigkeit, deren Wirkung man „Stress" nennt. Und diese

hängen vor allem damit zusammen, dass der Schule eine andere Funktion zugewachsen ist, die sie bisher weder versteht noch bejaht, geschweige denn erfüllt." (10)

In jeder pädagogischen Fachzeitschrift lässt sich das passende Klagelied und Zitat zum Beweis finden: „Schule wird von vielen Kindern und Jugendlichen immer weniger als Ort erlebt, der sie im Sinne der Aufklärung wirklich „frei" macht, das heißt, der ihre persönlichen Stärken befreit, sie befähigt, den eigenen Verstand und die eigenen Sinne zu gebrauchen." (11)

Auch außerhalb der Schule vollzieht sich für die Kinder der schleichende Verlust an authentischen Lebenserfahrungen, selbstbestimmten Handlungsmöglichkeiten und fantasievollen Spielräumen, wo sich kindliche Fantasie noch an Dingen und Personen entzünden und abarbeiten und wo sich mit Neugier eine eigene produktiv-kulturelle Praxis entwickeln könnte.

Hören wir dazu noch einmal unseren Helden zu:

Nachdem der Abend hereingebrochen war und wir annehmen konnten, dass alles schlafen gegangen war, ließen wir uns am Blitzableiter hinunter, schlichen in den Schuppen, holten unser leuchtendes Holz raus und gingen an die Arbeit. An einer Stelle, die sich nach Toms Meinung direkt unter Jims Bett befand, räumten wir erst einmal alles im Umkreis von vier bis fünf Fuß aus dem Wege und fingen dann hier mit unseren Taschenmessern zu graben an. Gegen Mitternacht waren wir hundemüde, unsre Hände voll Blasen, und zu sehen war von unsrer Arbeit so gut wie nichts. Da sagte ich:

„Du, Tom, wenn wir so weiter machen, reichen keine siebenunddreißig Jahre, dann brauchen wir mindestens achtunddreißig, glaub' ich."

Er antwortete nicht, seufzte nur und schien nachzudenken. Schließlich sagte er:

„So wird's nich gehen, Huck; ja, wären wir Gefangene, wär's was anderes, dann hätten wir keine Eile und jahrelang Zeit. Wenn wir noch 'ne Nacht so weiter arbeiten, müssen wir 'ne Woche warten, bis unsere Hände wieder heil sind und -"

„Was sollen wir denn da tun?", unterbrach ich ihn.

„Werd's dir gleich sagen. 's ist zwar nich das Richtige, aber wir haben keine Wahl, müssen eben die Hacken und Schaufeln nehmen und nur so tun, als wären's Taschenmesser." Ich stimmte ihm eifrig bei, er aber rief mir zu: „Gib mir'n Taschenmesser her!" Er hielt zwar sein eigenes in der Hand, ich reichte ihm aber dennoch meins hin. Er warf's fort und wiederholte:

„Gib mir'n Taschenmesser, Huck!"

Ich sah ihn eine Weile verdutzt an - dann begriff ich. Unter dem alten Gerät fand ich bald eine Schaufel raus und gab sie ihm. Er nahm sie auch und machte sich wortlos an die Arbeit.

So war er nun einmal: voll von Grundsätzen!

Es ist nun der Einwand nahe liegend, was ein Spielraum, gleich welchen Inhalts, dem Verlust der Sinnlichkeit entgegenzusetzen hätte? Aber allein schon die Fragestellung ist falsch: Alle pädagogischen Unternehmungen sind notwendig und bedeutsam, die Kindern von klein auf Wege der Fantasie öffnen und die Werkzeuge bereitstellen, um kreative Fähigkeiten zu entwickeln sowie Problemlösungen jenseits des Bestehenden und Vorhandenen zu suchen. Dazu gehört auch das Selbstvertrauen und der Mut, anders und neu Perspektiven für eine veränderte Zukunft zu denken.

Der Spielraum *Kunst & Krempel* demonstriert an einem Lernbereich, wie die allgemeinen Lebenserfahrungen der Kinder wieder zu verknüpfen wären mit spezifischen Lernerfahrungen, ohne dass von Lernen überhaupt geredet wird. Für Kinder braucht es dazu kleine, überschaubare Schritte und Aufgabenstellungen, die zu bewältigen sind und die das Selbstbewusstsein und das Vertrauen schaffen, gemeinsam mit Fantasie, Denken und praktischem Handeln produktive Lösungen zu finden.

Aus Draht und Zeitungspapier mit Kleister eine Ente oder ein Schiff herzustellen, bedeutet für Kinder aus der Vorstellung eines Objekts mittels Fantasie und Tun ein Ergebnis zu schaffen, das in nichts mehr an die Ausgangsdinge erinnert und etwas Neues darstellt. Für einen Erwachsenen mag das unbedeutend erscheinen, aber für ein Kind verwandeln sich unter der Hand bestimmte Materialien in einen anderen Zustand, in einen Gegenstand, den es durch bewusste Anstrengung geschaffen hat. Gleichzeitig werden Sinnesempfindungen angesprochen und als Erfahrung gespeichert: Draht kratzt auf der Haut und sticht, Kleister ist schmierig und erzeugt unter Umständen Ekel, der erst überwunden werden muss. Es erschließt sich eine kleine Welt über die Beschaffenheit der Materialien und Dinge und dies setzt sich fort mit Erfahrungen im Gebrauch der Werkzeuge oder beim Feuermachen unter einem Topf.

Von Rumpelstilzchen bis Andy Warhol oder: Kinderkultur ist mehr als Kultur für Kinder

Ähnlich der philosophisch reizvollen Streitfrage, ob die Henne oder das Ei zuerst da war, ist die pädagogische Frage, ob es eine eigenständige Kinderkultur gibt, noch bevor die Kinder in die Kultur der Erwachsenen eingeführt wurden. Beides, so die unumstößliche Antwort, ist in einem permanenten Wechselverhältnis der Fall, aber durch die Dominanz der Erwachsenenkultur, als der zunächst vorherrschenden, werden alle Ansätze einer sich entwickelnden Kinderkultur umstandslos integriert oder bei Missfallen und in Störfällen kraft der kulturhoheitlichen Durchsetzungsmacht der Erwachsenengeneration eliminiert. Die Vorgehensweise ähnelt dem Umgang mit kolonialisierten Völkern, deren angestammte Kulturen durch Ignoranz und Unterdrückung als primitiv und rückständig verdrängt wurden und werden.

Analog verhalten sich die Erwachsenen gegenüber einer Kinderkultur, die es so allerdings nicht gibt und geben kann, denn sie hat weder Raum, Zeit noch Materialien um sich entfalten und bilden zu können. Spuren einer Kinderkultur lassen sich allenfalls in den Randzonen und geheimen Nischen gesellschaftlichen Lebens, die von der Erwachsenenkultur nicht besetzt sind, entdecken. In Kinderreimen, Gassenhauern und manchen Spielen finden sich Reste einer urwüchsig-eigenen Kinderkultur.

Kinder werden in die jeweilige Gesellschaft hinein geboren und übernehmen damit notwendig und logisch deren sozialen, wirtschaftlichen und kulturellen Lebensformen. Zwanghaft wird dieses Verhältnis, wenn ihnen nicht im gleichen Maße und mit gleichem Recht eigene Räume, Feste, Veranstaltungs- und Lernformen eingeräumt und zugestanden werden, die sowohl die Verarbeitung der angeeigneten Kulturtradition der Erwachsenenwelt, wie auch die Entfaltung eigener kultureller Ausdrucksformen ermöglichen. Solche müssen erprobt, durchgespielt und veröffentlicht werden, damit sie die Chance einer intersubjektiven Gültigkeit für *Kindheit*, wenn es denn so etwas gibt, bekommen. Kinder entwickeln so etwas weder im Kopf, noch am Schreibtisch, sondern allein in einer ihnen eigenen Öffentlichkeit, in welcher sie die Regeln erfinden und die Verläufe bestimmen. Als Selbstregulierung und Selbstbildung erscheint dies manchmal in fortschrittlichen Erziehungskonzepten, aber wie dies zu einer sozialen und globalen Zusammenhängen verantwortlichen Kompetenz werden sollte, bleibt ohne eine entsprechend entwickelte Praxis rätselhaft.

Für eine innovative und emanzipative Kinderkulturarbeit hat das natürlich Konsequenzen. Es gibt schon bisher eine solche Traditionskultur, wobei Erwachsene Kindertheater, Kinderbücher, Kinderlieder, Kinderfernsehen und sogar Kinderspiele erfinden und machen in der guten Absicht, damit Kindern eine eigene Kultur zu vermitteln. Es sind aber die kulturellen Standards und ästhetischen Formen der Erwachsenen, die notwendig das Maß und die Inhaltlichkeit der Rezeption durch die Kinder festlegen und damit kulturelle Haltungen und Einsichten festschreiben. Es bleiben Erwachsenenprodukte, die Inhalt und Form auf eine vorgestellte, kindgerechte Art zurichten und dabei unversehens ihre eigenen Kulturvorstellungen, auch die von aktueller Kindheit, verwirklichen und einbringen.

Das hat seine Berechtigung und es macht auch Sinn, Kindern zu zeigen wie Menschen Holz hacken, Bilder malen, einen Computer bedienen, Politik machen; nur ist es eben Kultur *für* Kinder. Es fehlt der weitere, entscheidende Schritt, nämlich den Kindern danach die Werkzeuge, Geräte und Informationen zu überlassen, ihnen ein Stück Welt einzuräumen, damit sie selbstbestimmt, eigenverantwortlich und experimentell darüber verfügen können, um Ausdrucksformen einer eigenen kulturellen Identität zu entwerfen und zu erproben.

Die Kinder haben keine Defizite an für sie aufbereiteten, konsumorientierten Angeboten, sondern vielmehr an aktiver und vor allem produktiver Auseinandersetzung mit der Erwachsenenkultur, die sie befähigen könnte zukünftig anders mit ihrer Kultur und dieser Welt umzugehen. Diese Auseinandersetzung kann nicht alleine kognitiv erfolgen, sondern braucht sinnlich-ästhetische Inszenierungen, orientiert an den originären Lernformen der Kinder. Ihre Tätigkeiten sind dabei nicht Selbstzweck (z. B. zur

Herstellung eines schönen Bildes), sondern Medium zur sozialen und kulturellen Erfahrungsproduktion.

Eine wesentliche Voraussetzung dieser Inszenierungen ist, dass niemand gedrängt oder gar „verdonnert" wird und dass nicht alle Kinder zur selben Zeit das Gleiche tun müssen. Als LehrerInnen hatten wir einen festen Stundenplan, meist einen eigenen Raum und die Kinder einen Bleistift, Buntstifte, Tusche und Feder, Pinsel und Farbkasten. Damit war im Großen und Ganzen der Rahmen abgesteckt. Aber einen solchen Rahmen gibt es in einem Park auf einer Wiese nicht, auch die Kinder kommen nicht zu einem festgesetzten Zeitpunkt und sie müssen weder mitmachen noch bleiben.

Diese Feststellung ist insofern wichtig, weil in dieser Organisationsstruktur ein pädagogischer Paradigmenwechsel und eine Herausforderung zugleich enthalten sind. Freiwilligkeit, offene und komplexe Projektformen, in denen die Kinder über die Dauer und Intensität ihrer Teilnahme entscheiden, sind noch längst nicht selbstverständliche Praxis einer *Schule der Fantasie*. Aber die täglich bis zu fünfhundert Kinder, die sich von den Materialien und Werkangeboten anziehen lassen, sind der nachdrückliche Beweis, dass ihre Einlösung ansteht. Gerade für künstlerisch-ästhetische Produktionsprozesse braucht es diesen Freiraum, denn verordnete Zeiträume, Themen, Techniken mit nachfolgender Benotung sind ein Widerspruch zu der Absicht Kinder zum experimentellen, wagemutigen, Neues erprobenden Umgang anzuregen.

Damit erübrigt sich auch der Vorwurf der Pädagogisierung auch noch der Freizeit der Kinder; denn niemand käme auf die Idee das Angebot für Erwachsene ins Theater, Konzert oder Kino zu gehen, als Pädagogisierung ihrer kulturellen Freiräume zu bezeichnen. Bliebe noch die Mahnung, dass ein Spielraum, der sich dem Thema Kunst wie Krempel verschrieben hat, Gefahr läuft die Kunst zu trivialisieren. Bei der Ernsthaftigkeit der Kinder in ihrer Auseinandersetzung mit den künstlerischen Produktionstechniken besteht diese Gefahr aber kaum.

Dabei ist nicht die einzelne Tätigkeit und ihr Ergebnis an sich so bedeutsam, sondern die Tatsache, dass sie sich als pädagogische Maßnahme in einem öffentlichen Rahmen vollzieht und verantwortet. Daran lernen nicht nur die Kindern, sondern auch die Erwachsenen, die so die Kinder anders, produktiv und motiviert erleben und erfahren. Die neuen Ansätze kulturpädagogischer Projektformen, die Kindern und Jugendlichen Freiräume gegen die dominante Vorherrschaft der Erwachsenenkultur sichern, sind ein hoffnungsvoller Wegweiser auch für eine veränderte Erziehungswirklichkeit. Noch aber sieht man sie eher als „Rumpelstilzchen" in der Bildungslandschaft an, denn als „Andy Warhol", die den Spielraum der Pädagogik um vorher ungeahnte Dimensionen erweitern.

FRÜHSTÜCK IM GRÜNEN
oder: Das Atelier im Park und die Öffentlichkeit

Die Wiese im Park, ein Gelände an der Isar oder der See im Olympiapark sind öffentliche Räume, die weitgehend nur von SpaziergängerInnen, RadfahrerInnen, JoggerInnen und naherholungssuchenden Familien mit Kindern genutzt werden. Dabei geht jede Person ihres Weges, Berührungen vermeidend. Gespräche ergeben sich nur wenn Hunde aneinander geraten, kleine Ansammlungen höchstens dort, wo ein Puppenspieler oder Pantomime mit seinen Künsten Abwechslung verspricht. Die sensationsbegierigen Kunden werden aber selbst nicht Akteure.

Aktive Begegnung, kommunikatives Spiel, soziales Leben, öffentliche Darstellung und anregende Auseinandersetzung finden an diesen Orten nicht mehr statt. Wie aus diesen Plätzen Spiel-, Lebens- und Erfahrungsräume werden, erleben wir erst wieder auf Urlaubsreisen in südliche Länder, in denen soziale Räume von Kindern und Erwachsenen gemeinsam genutzt werden, von den Erwachsenen eher zum Gespräch und zur lokal bedeutsamen Repräsentation, von den Kindern für raumbetonte, körperliche Spiele und Aneignung der sozialen Situation.

„Kinder, die keinen ausreichenden Spielraum für ihre Ausdrucksbedürfnisse haben und in ihrer Neugier und Bewegungsfantasie auf die komplett durchökonomisierte Raumstruktur der bürgerlichen Öffentlichkeit eingeschränkt werden, können weder ihre kognitiven noch ihre sozialen, noch ihre emotionalen Fähigkeiten voll entfalten," schreibt Oskar Negt der Pädagogik ins Stammbuch ihrer Raumordnungsplanung, die bis hinein in didaktische Überlegungen und kindliche Lernstrukturen wirksam ist. (12)

Aus unserem kulturellen Lebenszusammenhang ist die Nutzung öffentlicher Räume als gelebter Raum nahezu völlig verschwunden, aber nicht aus zufälliger Entwicklung sondern durch die fantasielose Zurichtung der Räume und des öffentlichen Lebens selbst. Für Kinder sind sie zum Spielen nicht mehr geeignet, denn es gibt kein Zeug, kein Material mit dem sie etwas anfangen, keine Personen mit denen sie etwas gestalten und keine Situationen, in denen sie etwas erleben könnten. Der Vorwurf, dass sie nichts mehr mit sich und den Dingen anzufangen wüssten, trifft die Kinder zu Unrecht, weil ihnen dafür die Grundlagen entzogen wurden.

Vor vielen Jahren gab es an der Isar eine wilde Auenlandschaft, wo für wilde, sinnlich orientierte Spiele, zum Feuermachen und Hütten bauen oder für Pfeil und Bogen Holz in Fülle zu finden war. Aber dann kamen die StadtgärtnerInnen und machten im Auftrag der Stadtverwaltung daraus eine wunderschöne Parklandschaft, gereinigt von Busch- und Strauchwerk, von umgestürzten Bäumen und richteten neben Bänken auch noch verordnete Grill- und Feuerplätze ein. Will jemand dort heute wieder ein Robinsonspiel veranstalten, so muss er sich das Holz aus einem anderen Wald besorgen und den Urwald als Kulisse malen; nur die Isar gibt es noch als Inselstrand, wenn einem die Fantasie geblieben ist, sie in ihrem gezähmten Zustand aus der richtigen Perspektive anzusehen.

Dies bedeutet, dass Räume für den Gebrauch durch Kinder erst wieder hergestellt und in Besitz genommen werden müssen, um sie dann mit sichtbaren Inszenierungen, mit Materialien, Zeug und Werkzeugen für eine produktive Auseinandersetzung und die Aneignung als sozialen Raum auszustatten. „Kinder brauchen, wenn sie ihre spezifische Sinnlichkeit vergegenständlichen, sich in ihr wieder finden können sollen, eine deutlicher raumbetonte Öffentlichkeit als Erwachsene; sie brauchen Experimentiergelände, Plätze, ein offenes Aktionsfeld, in dem die Dinge nicht für alle Mal festgelegt, definiert, endgültig mit Namen versehen, unabänderlich durch Gebote und Verbote reglementiert sind." (13)

Womit aber lässt sich der Spielraum als erkennbarer Ort für die Kinder inszenieren? Da gibt es die bunt bemalten Bauwägen, die zugleich als Aufbewahrungsort für die Materialien dienen. Der

Atelierbetrieb ist bei uns immer der größte Bereich mit einer eigenen Binnendifferenzierung unterschiedlicher Werkstätten, die jeweils eine andere Tätigkeit mit spezifischen Werktechniken anbieten. Für die differenzierte Einteilung der Ateliers und Werkstätten werden Baugerüste aufgestellt, an die noch bemalte Kulissen und bunte Tücher kommen, als Schutz gegen die Sonne an heißen Sommertagen, oder die als Regenschutz mit Planen bespannt werden. In diese kleinteiligen Räume kommen Tische und Werkbänke, Staffeleien und Bänke sowie die Materialien, die jeder Bereich für seine spezifischen Angebote braucht. Die einzelnen Werkstätten erhalten noch kleine Tafeln auf denen steht, was dort angeboten wird. So können sich die Kinder selbstständig orientieren und den organisatorischen Rahmen durch ihre Tätigkeiten und Initiativen mit Leben füllen.

Werden viele Kinder erwartet, erweist es sich als günstig, ein eigenes „Farbenzentrum" einzurichten, das heißt einen Tischbereich, an dem die Farben angerichtet sind und alle anderen Bereiche ihre Sachen anmalen können, ohne dass es zu einem Gerangel um die Malbecher und Paletten kommt. So finden z. B. die Großpuppenbauer ungestört ihren Platz und können ihre Puppen in Ruhe bemalen.

Diese organisatorischen Vorbereitungen sichern im hektischen Betrieb den reibungslosen und entspannten Verlauf, den oft selbst professionelle ErzieherInnen ab einer gewissen Anzahl von Kindern nicht für möglich halten. Sie halten eine Begrenzung der Teilnehmerzahl für geboten. Das Gegenteil ist aber aufgrund eigener Erfahrung der Fall: Je mehr Kinder in einem überschaubaren und klar strukturierten Spielraum aktiv sind, desto mehr Anregung, Abwechslung und Anschauungsmaterial gibt es und die Kinder zeigen sich gegenseitig die Techniken, erklären wie etwas funktioniert und wo etwas zu finden ist. Erleichternd ist es auch viele unterschiedliche und differenzierte Werkstattangebote gleichzeitig anzubieten, da sich kleine und große Kinder bunt gemischt im Spielraum befinden und eine ihrem Alter und ihren Fähigkeiten entsprechende Tätigkeit suchen.

Die Erfahrungsproduktion im Verhältnis zu den Dingen vollzieht sich meist im Stillen, in der individuellen Auseinandersetzung mit der Sperrigkeit von Materialien, die sich oft nicht wie gewollt bearbeiten lassen. Spektakulärer sind da schon eher die Erfahrungen mit Personen und sozialen Situationen, die sich in vielschichtiger Weise durch gemeinsames Arbeiten an einer Sache ergeben und dadurch, dass alle Bereiche offen zugänglich sind und immer irgendwo irgendwer zuschaut: wohlmeinende Eltern, begleitende Großeltern, kritische Spaziergänger, die vieles beiläufig kommentieren, manches kritisieren und vieles anders machen würden. Es finden Gespräche über Kunst, über die Gefährlichkeit von Spiegelglas und nette wie unmögliche Kinder statt. Das bekommen die Kinder mit. Manchmal werden sie auch selber angesprochen oder sind an einer Auseinandersetzung über den Fortgang einer Produktion beteiligt. Oder sie haben Ärger mit einer der BetreuerInnen und wechseln die Werkstatt; denn niemand zwingt sie, etwas fertig zu machen oder irgendwo zu bleiben. In diesem öffentlichen Feld ergeben sich vielfältige soziale Beziehungen zwischen den Kindern und zwischen Kindern und Erwachsenen, die prinzipiell frei sind von Machtansprüchen, die gesucht oder gemieden werden können. Sie ergeben sich aus dem Milieu der Tätigkeiten, die zwischen Kunstschaffen und Alltagshandeln pendeln und ihre Spannung aus dem Verhältnis zum Unbekannten, Fremden oder gar Verbotenen beziehen, wenn z. B. Obst und Gemüse als Kunstobjekt arrangiert werden und dann als Symbol des Vergänglichen beim Zersetzungsprozess zu beobachten sind.

Die Kinder lassen sich allerdings nicht mehr umstandslos zu Ideen und fantasievollen Produktionsformen animieren sondern suchen eher als früher Anregung, Unterstützung und Ermutigung. Hier hat sich tatsächlich etwas durch den universalen und ständigen Mediengebrauch verändert und dadurch, dass Kinder viel stärker konsumierende Teilnehmer an kulturellen Ereignissen und Veranstaltungen geworden sind. Sobald die Kinder aber die anderen und neuen Möglichkeiten des Zugriffs und der Verfügbarkeit über Material, Zeit und Raum begriffen haben, ist zu beobachten, wie sie ihre kreativen Fähigkeiten wieder entdecken und entfalten. Dies zu vermitteln ist Teil der pädagogischen Arbeit in so einem Projekt und erst viel später beginnt die inhaltliche Auseinandersetzung mit dem eigentlichen kulturellen Thema des Spielraums.

Nur ein Teil der Atelierwerkstätten wird an dieser Stelle beschrieben. Nicht alles ist spannend und originell, aber beim Durchblättern ergeben sich vielleicht assoziativ neue Ideen. Es muss auch nicht alles zugleich angeboten werden; für einen kleineren Rahmen lässt sich eine Auswahl treffen.

GROSSBILDER IN DER LANDSCHAFT

Von weitem gesehen sind es weiße Flächen, die aus dem Grün der Bäume und Büsche im Park hell leuchtend abstechen und die Aufmerksamkeit von PassantInnen und Kindern erregen. Es gibt kaum eine Person, die nicht näher tritt, um genauer nachzuschauen, was es mit den schwarzen Konturen auf den weißen Holztafeln oder Leinwänden auf sich hat. Die eingeweihten KunstliebhaberInnen erkennen einen Cézanne, van Gogh, Kandinsky, Roy Lichtenstein, Seurat; bei Andy Warhol rätseln viele. Auf jeden Fall kommen die Leute vor den Bildern miteinander ins Gespräch und die meisten erfreuen sich an der mit bunten Farben leuchtenden Mona Lisa.

An einem Bild mit tanzenden Bauersleuten malen bereits einige Kinder und aus der Fläche entstehen durch die Farbgebung die ersten Andeutungen räumlicher Beziehungen. Davor steht ein älteres Ehepaar und rätselt, ob es sich um ein Bild Pieter Brueghels des Älteren oder des Jüngeren handelt. Die befragten Kinder zucken mit den Achseln und antworten, dass sie keine Ahnung hätten; sie würden das Bild nur anmalen. Nachdem die Gäste mit der Antwort, dass sie beide Recht hätten, da es eine Kopie des Jüngeren nach einem Bild des Vaters sei, abgezogen sind, wollen die Kinder auch etwas über den Maler erfahren. Sie erzählen noch ganz erstaunt, dass die Leute ihr Malen gelobt hätten, als wäre das was besonderes.

Diese Großbilder erinnern an die fürwahr grässlichen Ausmalbücher, die in den Kaufhäusern billig auf den Ramschtischen herumliegen. Einige „KunstliebhaberInnen" (die sich dann meist als besorgte KunsterzieherInnen entpuppen) schelten uns deshalb auch arg, ob das denn heute noch sein müsse?

Aber es gibt eine Reihe guter Argumente für diesen methodischen Kunstgriff bzw. Zwischenschritt, den wir auch nur ungern einführen. Im Gegensatz zur Lehrkraft in der Schulklasse kann niemand auf der freien Wiese und bei einem offenen Angebot die Kinder verpflichten, an einer Lehrstunde in ästhetischer Erziehung teilzunehmen oder überhaupt zu malen. Es gibt nicht wenige Kinder, die ankommen und kategorisch verkünden, dass sie mit Malen nichts „am Hut" hätten; es wäre ihnen gänzlich vergrault worden und sie könnten das nicht; dies sei ihnen auch schulamtlich bestätigt worden. Die Lust, sich mit Formen und Farben auseinander zu setzen, ist ihnen also schon andernorts ausgetrieben worden!

Gesucht ist nun eine Möglichkeit, sie überhaupt wieder fürs Malen zu interessieren und zu motivieren. Auf die Nachfrage, ob sie wenigstens Lust hätten beim Ausmalen eines der „Großkunstwerke" mitzuhelfen, antworten sie dann zum Teil bejahend. Damit ist ein Anfang gemacht: Sie beginnen zaghaft wieder mit Pinsel und Farbe zu arbeiten und einige finden über diesen Umweg wieder Lust und Spaß am Malen, verstanden als Chance zur expressiven Ausdrucksgestaltung mit Farben. Nicht wenige Kinder finden sich später im Malatelier, wo sie nun einmal ein eigenes Bild ausprobieren wollen.

Auch bleibt es beim Ausmalen der Vorzeichnungen nicht beim reinen Anstreichen einzelner Flächen. Nach dem ersten Farbauftrag oder auch schon zwischendurch, schauen sich die Kinder das bisherige Ergebnis gemeinsam an, sprechen über die Wirkungen der Farben, geben sich gegenseitig Tipps oder befinden, dass ein Rot zu grell aus den anderen Umgebungsfarben heraussteche.

Der Malvorgang ist insgesamt ein anderer als im schulischen Kunstunterricht: Die Kinder unterhalten sich während des Malens, gehen dazwischen Freunde besuchen, holen sich bei den Eltern etwas zu trinken, verschwinden für zwei Stunden ganz und nehmen dann die Arbeit am fortgeschrittenen Zustand des Bildes an irgendeiner Stelle wieder auf. Andere Kinder kommen neu hinzu und malen dort weiter, wo eine andere Person aufgehört hat. Viele kommen nur vorbei, um zuzuschauen, um ein wenig zu ratschen, zu bewundern, zu lästern oder etwas nachzufragen. Eltern kommen vorbei, fremde Erwachsene bleiben stehen, fotografieren, geben Kommentare ab, erzählen etwas, bringen etwas zu trinken oder Kuchen vorbei. Sie finden es einfach schön, dass sich plötzlich im sonst so eintönigen Park ein buntes Treiben und Leben ausbreitet.

Es liegt eine entspannte, lässige Atmosphäre über der ganzen Szene im Schatten eines Baumes. Keine Angst ist spürbar, da nichts drängt; keiner schimpft, wenn ein Tropfen aufs Bild herunterfällt und vielleicht abgesehen von der kritischen Anmerkung eines Malkollegen droht keine Beurteilung. Da lassen sich die Kinder auch leicht überzeugen, die eine oder andere Stelle noch einmal zu überarbeiten, eine andere Farbabstufung zu versuchen. Dabei entdecken sie überhaupt wieder die Palette zum Farbmischen und staunen dann freudestrahlend über ein verbessertes Teilstück des Bildes. Sie sind ja nicht blind und auch offen und ehrlich genug etwas einzugestehen. Und dann geht es an die Schattierungen, Abstufungen und Farbdifferenzierungen einzelner Bildteile. Das braucht Übung und ist für Kinder ganz ungewohnt, da sie am liebsten pastos malen, so wie es halt aus der Tube oder Flasche kommt. Aber sie lassen sich gerne darauf ein, weil sie niemand zwingt. Und jede kleine oder größere Person versucht es auf ihre Weise. Dazwischen ertönt verzweifeltes Jammern über eine „versaute" Partie. Es braucht den Trost, dass das weiter nicht schlimm sei, da alles wieder ausgebessert, übermalt werden könne. Das nimmt den Kindern die Angst, etwas Neues auszuprobieren, eine „freche" Farbgebung zu wagen. Dazu wird geschertzt, was wohl der Künstler sagen würde, wenn er sein „Kunstwerk" so sehen könnte. Gemalt wird fast ausschließlich ohne Vorlage, schließlich soll es eine eigenständige Neuinterpretation aus Kinderhand werden. Aber falls die Kinder nachfragen, bekommen sie natürlich das Original gezeigt. Und selbstverständlich wird auch über den Künstler geredet, sein Leben, seine Kunst und seine Epoche, denn irgendwann brauchen alle eine Pause und es ist Zeit zum Erzählen.

Was hier im Zeitraffer und vereinfacht dargestellt ist, zieht sich oft den ganzen Tag und manchmal über zwei bis drei Tage hin.

Entscheidend ist, dass eine erwachsene Person diese Arbeit begleitet. Sie stellt die Farben, Pinsel und Malkittel bereit, gibt Tipps und Anregungen oder steht ganz einfach als GesprächspartnerIn zur Verfügung. Wünschenswert ist es natürlich, einen professionellen Maler oder eine Malerin zu gewinnen, da deren „Autorität" aus der Sicherheit im Umgang mit den Werktechniken und ihren handwerklichen Fähigkeiten rührt und daher ihr Rat und ihre Hinweise gerne angenommen werden. So etwas vermittelt sich schnell und intuitiv den Kindern, die sich dann vertrauend darauf verlassen, dass da nichts schief gehen kann und „ihr Werk" gelingen muss.

Material: Leinwand oder Sperrholz, Dachlatten, diverse Kunstdrucke, OH-Folie, Folienschreiber, 1 Tageslichtprojektor, dicke Filzstifte (schwarz), Blumentopfuntersetzer (Durchmesser 30 - 40 cm) als Farbpaletten, Dispersionsfarben, Malkittel, Becher, Wassereimer, flache Malerpinsel (Größe 10 und 20), große Pinsel, Bierkisten, Dachlatten, Sperrholzreste, Stuhlwinkel, Schrauben, Akku-Schrauber

Vorbereitungen:

Die Großbilder sind etwa drei mal fünf Meter große, auf Holzrahmen gespannte Leinwände. Leinen gibt es in Fachgeschäften billig und in verschiedenen Breiten von der Rolle zu kaufen. Es eignen sich auch weiß grundierte dünne Sperrholzplatten, die auf einen Rahmen geschraubt werden, da sich die Platten sonst beim Streichen wellen und aufbiegen.

Die Rahmen werden in gewünschter Größe aus Dachlatten gefertigt. Die Enden müssen nicht professionell verzapft werden, sondern es reichen auch Winkeleisen in den Ecken. Diese werden noch mit dreieckigen Platten (etwa 5 mm stark) verstärkt, damit sich der Rahmen nicht seitlich verzieht. Bei Übergrößen empfiehlt es sich, ein bis zwei Zwischenlatten einzuziehen, denn beim Spannen der Leinwand entsteht ein großer Druck auf die Latten, die sich dann durchbiegen. Sperrholz fängt zu „flattern" an.

Die Leinwand wird jeweils von der Mitte nach außen gespannt und angetackert (oder mit Breitkopfnägeln genagelt), sodass sie gespannt auf dem Rahmen sitzt. Die Originalkunstwerke werden in Umrisslinien mit einem feinen Folienschreiber auf OH-Folie nachgezeichnet und dann mit dem Overheadprojektor vergrößert auf die Leinwand projiziert und übertragen. Dafür eignet sich entweder ein dicker Filzstift oder schwarze Farbe und Pinsel. Es reicht eine grobe Vorzeichnung, denn feine Details fallen meist bereits dem ersten Farbauftrag zum Opfer.

Im Freien empfiehlt es sich aus Witterungsgründen wasserfeste Dispersionsfarben zu verwenden, die sich wie Wasserfarben beliebig mischen lassen, allerdings auch nicht mehr aus den Kleidern auswaschbar sind! Halten Sie die Kinder von Anfang an dazu an, ihre Pinsel in die Wassereimer zu stecken, da sie bei Hitze leicht austrocknen.

Zum Aufbewahren der Farbbecher sollten Sie einige Bierkisten besorgen und auf einen eigenen Farbentisch stellen, da sonst immer irgendwer über die herumstehenden Farbtöpfchen stolpert.

Variante: Im Laufe einer mehrwöchigen Aktion lohnt es sich den Kindern zur Abwechslung auch Experimentierspiele mit den Kunstwerken anzubieten. Van Goghs *Schiffe am Meer* zum Beispiel kann als Winterlandschaft in Auftrag gegeben werden oder in verregneter Herbstatmosphäre, nur mit blauen Farbabstufungen. Alles bunt und vielleicht auch noch gestreift finden die Kinder besonders verrückt und plötzlich reizt es sie auszuprobieren, was da denn für ein Bild herauskommen wird. Es ist dieser Überraschungseffekt, der sie veranlasst mitzumachen. Unversehens und ohne große Worte kommen die Kinder als Folge des Herumprobierens von selbst dazu, wieder eine Palette zu benützen und die Farben zu mischen. Sie entdecken spielerisch, dass es nicht nur die Grundfarben gibt, sondern dazwischen eine unendliche Bandbreite der Zwischentöne.

DIE MALSCHAUKEL

Schaukelpferd und Schiffsschaukel - die Malschaukel setzt die Tradition dieses Kindervergnügens fort. Sobald sie in Bewegung gesetzt wird, bilden sich lange Schlangen von kleinen und großen Kindern, die geduldig anstehen, um darauf malen zu dürfen. In Erwartung dieses Effekts ist sie auch erfunden worden: Es sollten auch und vor allem die Kinder motiviert werden wieder einmal einen Pinsel in die Hand zu nehmen, die ansonsten keine Lust dazu verspüren.

Die Bilder entstehen aus dem Zufall, dem Rhythmus der Bewegung und natürlich aus der eigenen Pinselführung. Es gibt so viele verschiedene Ergebnisse wie Kinder auf der Malschaukel waren: kräftig ausgemalte Bilder wie von den Jungen Wilden, behutsam hingehauchte Pinselstriche, japanischen Tuschezeichnungen ähnelnd, dicke, breite Pinselspuren wie von einem Jackson Pollock, Strich und Punkt und Spritzer wie eine impressionistische Sommerblumenwiese von Monet. Die Vergleiche kommen wie von selbst, obwohl sie gar nicht nötig sind, denn jedes Bild ist einzigartig. Und schön sind sie alle, wenn sie am Ende eines Nachmittags wie in einem Museum des kindlichen Expressionismus oder besser gesagt Tachismus nebeneinander hängen.

Und die Kinder kommen immer wieder, weil sie neugierig darauf sind, was beim nächsten Mal auf dem Papier oder der Leinwand passiert, obwohl sie versuchen, den Pinselstrich zu lenken. Zu viel Schwarz verdirbt die Farben, aber wohl dosiert erhöht es die Intensität, die Leuchtkraft der anderen Farben. Rot neben Grün ergibt eine andere Wirkung als Rot neben Blau. Bei diesem Spiel lässt sich vieles entdecken. Aus diesem Grund ist auch schon das Zuschauen spannend. Die Kinder rufen der schaukelnden Person gut gemeinte Ratschläge zu, ermuntern sie oder helfen ihr, das Kunstwerk im richtigen Augenblick zu beenden.

Vorbereitungen:

Unsere Malschaukel wurde aus Baugerüstteilen auf Grasboden gebaut. An der oberen Querstange hängt eine Laufrolle, durch die ein Seil läuft, damit die Schaukel, je nach Größe des Kindes, höher oder niedriger gehängt werden kann. Die Malschaukel lässt sich auch an einem gewöhnlichen Schaukelgerüst installieren oder - falls verfügbar - an einem kleinen Kran. Je nach Installation fallen halt die Schwingungen größer oder kleiner aus, die Wirkung bleibt aber die gleiche.

Am herunterhängenden Seilende wird ein Drahtgestell oder ein Brett aufgehängt, auf dem die Kinder bäuchlings bequem liegen können. An diesem ist eine Schnur befestigt, mit der die Malschaukel in schwingende Bewegungen versetzt werden kann.

Material: 4 kleinere Blumenuntertöpfe aus Plastik, 4 größere, breite Malerpinsel mit langem Stiel, 1 Seil, 1 Gestell, auf dem die KünstlerInnen bequem liegen können, viel weißes Papier, alte Plakate, Leinwandstoff oder alte Betttücher, Wassereimer, Reißnägel, ggf. 1 Baugerüst, 1 Stück Schnur

Auf dem (Gras-)Boden liegt eine große Holzplatte, auf die für jedes Kind mit Reißnägeln ein Stück Leinwand verspannt oder ein großer Bogen Papier befestigt wird. Dann erhält das Kind auf der Malschaukel einen großen Pinsel und die erste Farbpalette mit Rot. Damit malt es solange, bis es meint, dass es reicht und erhält dann als nächste Farbe Blau, dann Gelb und zum Schluss noch Schwarz. Diese Farben reichen eigentlich, da sich Blau und Gelb zu Grün, Rot und Gelb zu Orange und Rot und Blau zu Violett vermischen. Mit Schwarz können dann noch Akzente und Konturen gewonnen werden.

Mehr braucht es nicht.

DAS MALSTUDIO

Im Malstudio stehen neben Malwänden viele Staffeleien herum. Natürlich lässt sich auch auf dem Boden malen, aber aufrecht stehend oder sitzend ermüden die Kinder nicht so schnell und können sich länger konzentriert ihrer Arbeit hingeben. Auf Holzbretter, Pappe oder Papier malen sie nach eigenen Ideen und jedes für sich allein.

Solange nicht um Hilfe oder Anregung gebeten wird, kümmert sich kaum jemand um die jungen KünstlerInnen. Gerade die Jüngsten malen selbstvergessen und kümmern sich nicht darum, was um sie herum geschieht. Sie scheinen aus einer inneren, unerschöpflichen Bilderwelt zu schöpfen und es sei nur jedem angeraten, nicht danach zu fragen, was da gerade entstanden ist. Die Antwort ist meist so trivial wie die Beschreibung eines berauschenden Traums am Morgen danach. Diese Bilder haben ihren eigenen Wert und bedürfen keiner Interpretation und Besprechung.

Ich habe bereits erwähnt, dass wir großformatige Ausmalbilder übergangsweise und aus didaktischen Gründen einsetzen, um die Kinder anzuregen, diese Arbeit mit eigenen Gestaltungsmöglichkeiten fortzusetzen. Sie ermöglichen es aber auch, dass an ihnen unbefangen maltechnische Übungen und Erklärungen erfolgen können, da sie individuell unverbindliche Gemeinschaftswerke darstellen. So wird für viele Kinder die Hemmschwelle für eine kreative Auseinandersetzung mit der eigenen inneren Bilderwelt herabgesetzt.

Ein fünfjähriger Junge setzte immer eine beliebige Farbe in die Mitte des Blattes, um diese dann mit kreisenden Pinselstrichen ganz mit Schwarz zu übermalen, was er angeblich seit zwei Jahren so betrieb. Schließlich beteiligte er sich an der farbigen Gestaltung der „Ausmalbilder" und nach kurzer Zeit setzte er auch auf seine eigenen Bilder wieder leuchtende Farben nebeneinander und blieb bis auf den heutigen Tag dabei.

Das Hohe Lied auf die ursprüngliche und spontane Ausdruckskraft der Kinder, die intuitiv und selbstbewusst Farben und Formen setzen und nahezu immer zu stimmigen Bildschöpfungen gelangen, braucht hier nicht gesungen werden. Bewusst gestaltet wären sie Kunstwerke. Es gibt genügend Literatur mit Bildbeispielen, die immer wieder aufs Neue bei der Betrachtung durch ihre starke Ausstrahlung begeistern. (14)

Vorbereitung:

Staffeleien können ganz einfach hergestellt werden: Drei gleich lange Dachlatten oben durchbohren und mit einer längeren Schlossschraube samt Flügelmutter locker verbinden. Die beiden äußeren Dachlatten werden dann mit einem Stück L-förmiger Profilleiste aus dem Baumarkt verbunden. Damit ist zugleich die Auflage für das Malbrett vorhanden. Der dritte Fuß wird nun durch eine Schnur mit diesem Vorderteil locker verbunden, damit die Staffelei auch bei Wind sicher stehen kann.

Material: Staffeleien, Papier und Pappe aller Art, weiß grundierte Holzplatten (Reste aus Schreinereien), Finger-, Wasser-, Dispersionsfarben, Malbecher, Wassergläser, dünne und dicke Pinsel, Malkittel

TAFELSCHWARZ

Die einfachste Form, auch ganz kleine Kinder zum Malen anzuregen, sind mit Tafellack gestrichene Holzwände, die zur Großfläche aneinander gereiht eine Herausforderung für kleine Finger darstellen, aber auch körperbewegte Kreis- und Laufstriche ermöglichen. Mit bunter, möglichst großformatiger Kreide entstehen da ohne weitere Worte bunte Bilderwelten aus Kritzeleien, Kopffüßlern, Blumenbeeten, Schmetterlingen und Standbildern, die aus der echten Wiese herauswachsen.

Zwischendurch kann die Betreuungsperson auch ein gemeinsames Bildwerk anregen, indem sie die Tafeln mit Wegen einteilt, an deren Anfang ein Tor oder Schild steht mit der Aufschrift *Tierpark, Bauernhof* oder *Schlittenfahrt.*

Material: Holztafeln (ca. 120 x 170 cm), schwarzer Tafellack, weiße und bunte, dicke und dünne Kreide, Wassereimer, Schwämme, (Holz-)Kisten zum Aufbewahren der Kreide

KINDERGROßE STOFFPUPPEN

Aus weißen Reststoffen, alten Bettlaken oder -bezügen können einfache Puppenformen gezaubert werden. Die Kinder legen sich auf den doppelt gefalteten Stoff, ihre Umrisse werden mit Ölkreide nachgezeichnet und dann ausgeschnitten. An der Kante werden die beiden ausgeschnittenen Flächen bis auf einen kleinen Rest zusammengenäht. Dort hinein stopfen die Kinder nun billige Putzwolle oder anderes Füllmaterial, bis die Puppe Form und Gestalt annimmt. Der weiße Stoff bietet sich zum Bemalen geradezu an und es entstehen lustige Figuren, wie aus dem Atelier von Paloma Picasso oder Niki de St. Phalle. Nach dem gleichen Herstellungsprinzip können auch Tiere, Monde u. dgl. gefertigt werden.

ERDBILDER: MIT LEHM UND WASSER MALEN

Auf der Wiese wird zunächst die Grasnarbe vorsichtig abgehoben, um sie später wieder einsetzen zu können. Dann wird ein Erdloch ausgehoben und mit Wasser aufgefüllt. Es wird solange gerührt, bis sich eine bräunliche, mit Erde angereicherte „Brühe" ergibt.

Davon schütten Sie ein wenig auf einen dünnen, unbedingt saugfähigen Karton, der aber nicht weiß sein muss und lassen das „Malwasser" durch leichtes Heben und Senken langsam über den Karton laufen. Die bräunlichen Pigmente hinterlassen auf ihrem Weg sichtbare Spuren, die sich an manchen Stellen verdichten und dann wieder in dünnen Verästelungen weiterlaufen, einerseits bewusst gelenkt durch die Hand und andererseits zufällig verlaufend.

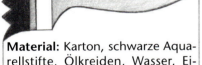

Material: Karton, schwarze Aquarellstifte, Ölkreiden, Wasser, Eimer, Spaten

Hinweis: Als Malgrund eignen sich gerade billige Kartonsorten, die Druckereien als Zwischenlage bei ihren bedruckten Papierstößen verwenden. Auf jeden Fall muss der Karton saugfähig sein, weil sonst die Erdpigmente nicht eindringen können und er darf auch nicht zu dünn sein, da sonst die Gefahr droht, dass das „Kunstwerk" im nassen Zustand reißt.

Die Wasserspuren können von Anfang an mit einem schwarzen Aquarellstift begleitet und nachgezeichnet werden, wodurch sie eine feine Konturierung erhalten, die entweder so belassen oder nachträglich mit bunten Aquarellstiften oder Ölkreiden bearbeitet wird. Hier sind den Experimenten der Kinder kaum Grenzen gesetzt. Nicht wenige geben sich erstaunlicherweise mit viel Ausdauer und Geduld dieser kontemplativen Maltechnik hin. Die

Ergebnisse sind in der Regel feingliedrige, abstrakte Bildnisse mit amorphen Strukturen, die in ihren Bedeutungen für viele Interpretationen offen sind und vielleicht gerade deshalb manche Kinder in ihren Bann ziehen.

HIMMELSBILDER

Auf einen Holzpflock wird etwa in Sitzhöhe ein quadratischer Spiegel montiert und in derselben Größe werden weißgrundierte Holzplatten vorbereitet. Jeden Tag dürfen die Kinder darauf an Staffeleien, die um den Spiegel gruppiert stehen, irgendwann im Laufe des Tages den Himmel über dem Platz malen. Den „richtigen" Augenblick entscheiden die Kinder und manchmal lohnt es sich auch, noch zu warten. Wie selbstverständlich schauen die Kinder gebannt in den Spiegel, um akribisch jedes Wölkchen und jede Farbnuance festzuhalten und niemand verschwendet auch nur einen Blick auf den Himmel selbst.

Material: quadratische Spiegel mit 40 bis 70 cm Seitenlänge, Holzbretter (mit weißer Dispersionsfarbe vorstreichen), Farben (viel Weiß, Schwarz, Blau, Gelb, Ocker und Rot), Paletten zum Mischen der Farben, Pinsel, Wasser, Eimer

Die im spiegelverkehrten Format reduzierte immense Himmelsweite stellt für die Kinder ein zu bewältigendes Maß dar, das sie sich zu malen trauen. Spiegel und Holzplatten sollten deshalb auch nicht zu groß sein, da die Kinder sonst einerseits nur schwer einen Eindruck vom jeweiligen Himmel erhalten und ihnen andererseits auch nicht genügend Zeit zur Verfügung steht, das Geschehen am Himmel festzuhalten, vor allem wenn ein Sturm die Wolken durch den Spiegel treibt.

Jedes Himmelsbild wird mit Datum und Namen versehen, so dass es zum Abschluss eine Galerie von gemalten Himmelsszenen gibt, die lückenlos die Rekonstruktion der Wetterverhältnisse ermöglicht. Dabei erhalten die gewitterschwangeren Wolkenmeere mit ihren dramatisch leuchtenden Sonnendurchbrüchen natürlich gegenüber einem wolkenlos blauen Himmel sicher immer mehr Beifall von den BetrachterInnen. Aufschlussreich sind auch die Kommentare der Kinder, die sich die täglich wachsende Galerie der Himmelsbilder anschauen und die Wolken und Farben vergleichen, die wechselnden Stimmungen beobachten, auf einmal aufmerksamer werden und anders hinaufschauen zu ihrem alltäglich gewohnten Himmel. In der Regel melden sie sich abends bereits für den nächsten Tag an.

MALEN MIT HAND UND FUSS

Irgendwo haben wir alle schon erlebt, dass wir Spuren hinterlassen haben: im Schnee, im Sand am Meer, in morastigem Boden oder gar in einem Kuhfladen. Aber ungestraft in Farbe zu steigen und dann über eine blütenreine Leinwand zu laufen, ist für viele Kinder ein neues Erlebnis, zumal diese Turnschuhgeneration kaum mehr die Sensationen kennt, die nackte Füße auf Stoppelfeldern, taubedeckten Wiesen oder heißen Kieselsteinen ihren BesitzerInnen bescheren. Deshalb zögern die Kinder erst einmal, bevor sie in die Farbtöpfe steigen, um damit ihre Spuren auf die Leinwand zu setzen.

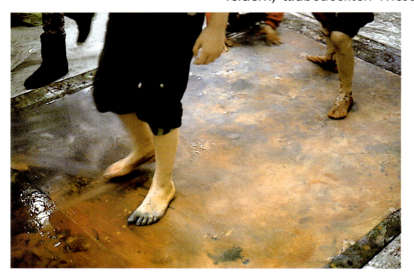

Als günstig hat sich erwiesen, mit Gelb als der hellsten Farbe anzufangen, dann folgt Blau, damit sich noch grüne Mischungen ergeben, dann Rot und zum Schluss folgt noch Schwarz, um noch Konturen und Formen zu setzen, falls die Kinder nicht schon alle Farben zerlaufen haben.

Die Kinder entscheiden über die Zeit und die Wege. Die Betreuungsperson sollte sie zu Beginn darauf hinweisen, dass sie beim Laufen über die Leinwand auf ihre Spuren achten sollen, weil sie mit diesen, wenn auch nur sehr grob, gestalten können. Aber es ist gerade das eigentlich Spannende, dass jedes Kind darüber selbst entscheidet, ob es aufhört, solange die Fuß- und Handspuren noch als Zeichen und Form zu erkennen sind oder ob es diese bis zur reinen Farborgie zu Ende läuft. Darüber machen sich die meisten Kinder schon beim Zuschauen und Warten ihre Gedanken. Dieses Farbspiel kann mit Gruppen oder mit einzelnen Kindern veranstaltet werden, wobei im letzteren Fall auch kleinere Leinwandstücke reichen, mit denen auch schneller ein „fertiges" Bild entsteht.

Vorbereitungen:

Auf einer großen Holzplatte wird ein möglichst großes Stück Leinwand mit Reißnägeln befestigt, denn direkt auf der Wiese würde es keine deutlichen Fußabdrücke geben. - Falls Sie die Aktion auf dem Pflaster oder in Räumen durchführen wollen, sollten Sie noch reichlich Abdeckfolie drumherum ausbreiten. - Direkt vor der Leinwand stehen vier größere Plastikwannen mit den Farben Rot, Blau, Gelb und Schwarz. Die Mischfarben daraus ergeben sich von selbst. Am anderen Ende stehen zwei große Wannen mit Wasser, damit sich die KünstlerInnen nach jedem Farbdurchgang und zum Schluss die Füße abwaschen können. Das Füßewaschen zwischendurch muss sein, weil sonst die Farben sehr schnell verschmutzen und grau werden. Für Einzelarbeiten können Sie die Leinwand in Stücke von 0,75 x 1,0 Meter teilen.

Material: Leinwand (1,50 Meter breit, Länge je nach Kinderzahl), 4 größere Plastikblumenuntersetzer (brechen leicht!) oder Blechdosen für große Filmrollen (falls man sie noch auftreiben kann), 2 große Wannen, mehrere alte Handtücher, Reißnägel, 1 großes Holzbrett als Unterlage, ggf. feste Malerfolie

FRÜHSTÜCK IM GRÜNEN

SONNENLICHT UND SCHATTEN

Gegen die Sonne können hinter eine sicher aufrechtstehende Leinwand alle möglichen Gegenstände oder auch Kinder gestellt werden, deren Schatten ein anderes Kind mit dem Pinsel in Umrissen auf der Leinwand nachzeichnet. Mit diesem Verfahren können auch ganze Szenerien entworfen werden. Durch die meist leichte Verzerrung der Schattenbilder ergeben sich oft unerwartet spannende und witzige Vorzeichnungen. Dieser Effekt lässt sich aber auch bewusst gestalten. Die Umrisse können dann weiterbearbeitet und ausgemalt werden.

Auf diese Weise erfahren die Kinder spielerisch, was eine Komposition ist und wie sie einen Bildaufbau dynamisch und spannungsreich gestalten können, indem sie noch eine Person dazustellen, die Haltung einer Person verändern, noch Blumen und Zweige mit Blättern ins Bild einbauen oder auf den Tisch noch eine Teekanne oder eine Obstschale arrangieren. Ein Fahrrad stellt diesbezüglich natürlich eine besondere Herausforderung dar.

Variante: Statt mit Leinwand können Sie auch mit klarer Folie arbeiten. Analog zum Schattenbild brauchen Sie eine Möglichkeit zur Befestigung der Folie. Hier kann eine dahinter stehende Person direkt durch- und nachgemalt werden, aber es lassen sich auch eigene Ideen umsetzen, die eigentlich unabhängig von der Durchsichtigkeit der Folie sind. Dennoch bringt die Folie durch ihre Transparenz und Lichtwirkung je nach Sonnenstand sowohl für die MalerInnen, wie für die BetrachterInnen eine neue und zusätzliche Bildqualität. Spannend ist das gleichzeitige und beidseitige Bemalen der Folie mit ungegenständlichen Mustern und Formen. Hierbei lassen sich unendliche Variationen durchspielen und ausprobieren.

Vorbereitung:

Die Dispersionsfarben etwas mehr verdünnen als sonst, weil bei dickem (pastosem) Farbauftrag auf die Folie die Farbe nach dem Trocknen leicht abblättert. Um dies zu vermeiden, kann die Farbe auch mit Ochsengalle gemischt werden, was aber nicht unbedingt nötig ist.

Material: 1 Holzrahmen zum Aufspannen von Leinwand oder Folie (Größe entsprechend der Körpergröße der Kinder wählen), Holzlatten (um den Rahmen aufrecht stellen zu können), viele Requisiten wie Tisch, Stühle, Geschirr, Blumenvase, Tintenfass u. Ä., Pinsel, Leinwand oder dickere klare Abdeckfolie aus dem Baumarkt, Dispersionsfarben

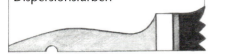

BUNTE TRÄUME AUF SEIDENSTOFF

Seidenmalen ist eine altbekannte, vielbemühte und in Mode gekommene Beschäftigung geworden und viele KollegInnen lassen sie deshalb zu Unrecht für die Kinder außer Betracht. Versuchen Sie es einmal mit großen Formaten, an denen mehrere Kinder zugleich an einem Thema arbeiten, für das sie sich vorher gemeinsam entschieden haben: *Zirkus, Lebewesen im Meer, Auf der Alm* oder *Im Schwimmbad*.

Verwenden Sie Kerzenreste, die in einem alten Topf auf einer Herdplatte geschmolzen werden. Die Vorzeichnung erfolgt mit dünnen, in das Wachs getauchten Pinseln direkt auf den Seidenstoff. (Nach Vollendung des Werkes ist das Wachs wieder auszubügeln.) Die entstandenen Konturen werden sofort gemeinsam ausgemalt, wobei verblüffend andere Ergebnisse herauskommen als bei individueller Einzelarbeit.

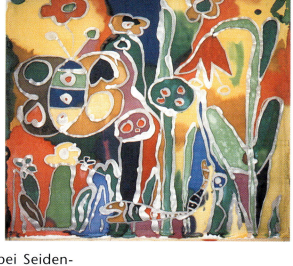

So ganz genau lässt sich das Phänomen nicht erklären, aber der Gruppenprozess verhindert den bei Seidenbildern oft eigentümlichen Eindruck des allzu Glatten, oberflächlich Schönen und irgendwie schon mal da Gewesenen. Die ungekünstelte und zum Teil ungelenke Art der Kinderzeichnung, die mit dem Wachs jedes Radieren bzw. Ausbessern verbietet, sowie der spontan-unverkrampfte Farbauftrag, der sich um geschmäcklerisches Gefallen nicht bekümmert, gibt der Seidenmalerei in den Bildern der Kinder eine neue Berechtigung.

Material: Seidenstoffe in breiten Lagen von 0,80 bis 1,50 m, Wachs- und Kerzenreste (farblos), Holzrahmen zum Aufspannen der Seidenstoffe, feine Pinsel, Seidenmalfarben (zur Not gehen auch verdünnte Dispersionsfarben), 1 Herdplatte, 1 alter Topf, 1 Bügeleisen, 1 Stromanschluss, Zeitungen zum Ausbügeln des Wachses

Beim herkömmlichen Zeichnen haben ältere Kinder permanente Skrupel, da sie die mangelhafte Wiedergabe als ungenügend empfinden. Beim transparenten Zeichnen mit Wachs gelingt es ihnen diese Blockade zu überwinden, da sie wohl auf den späteren Triumph der Farbigkeit vertrauen. Die Zeichnung kann aus technisch-formalen Gründen nur in groben, die Feinheiten notwendig vernachlässigenden Umrissen ausgeführt werden. Und plötzlich werden ihre Bilder wieder in einem ursprünglichen Sinne als kleine „Gesamtkunstwerke" stimmig. Dabei ist es nicht wichtig, ob ein Pferd in Wirklichkeit auch so aussieht oder die Perspektive richtig ist.

Zur Wiedergewinnung dieser urtümlichen Ausdrucksfähigkeit, die am Ende mit dem Ergebnis auch wieder Selbstvertrauen schafft, sollten Sie das Seidenmalen auf großen Formaten immer mal wieder anbieten. Denn es braucht die konkrete Erfahrung, dass die Wirkung eines Bildes sich aus anderen Quellen speist als der formalen „Richtigkeit" seiner Einzelteile.

DIE ÄSTHETIK DER DINGE

Krempel, Industrieabfall und Naturmaterialien

Dinge und Gegenstände erschließen ihre Eigenschaften nicht durch bloße Anschauung, sondern man muss sie befühlen, ihre Qualitäten (hart oder weich, schwer oder leicht) begreifen, riechen und - wie kleine Kinder dies tun - sogar schmecken. Dann kommen noch Erklärungen und „philosophische" Betrachtungen der Erwachsenen hinzu und es entsteht allmählich über die sinnliche Wahrnehmung der Dinge eine Erfahrung von der Welt. Der Umgang mit Gegenständen, ihre Erfindung zu bestimmten Zwecken entscheidet auch wesentlich über die Modellierung von Sinnlichkeit, wobei aber noch weitgehend unerforscht ist, wie dies geschieht.

Entscheidend ist die Tatsache, dass die Dinge und Gegenstände selbst eine wesentliche Erfahrungsvermittlung leisten. Dieser konträr entgegen stehen die immer mehr entsinnlichten Erziehungsmilieus, in denen Kinder heute durch vorwiegend kognitive Belehrung aufwachsen. „Die Natur oder die Menschen oder Dinge erziehen uns... Die Natur entwickelt unsere Fähigkeiten und unsere Kräfte; die Menschen lehren uns den Gebrauch dieser Fähigkeiten und Kräfte; die Dinge aber erziehen uns durch die Erfahrung, die wir mit ihnen machen, und durch die Anschauung." (15)

Vermittelt über die menschliche Wahrnehmung besteht also ein eigentümliches Verhältnis zwischen der Außenwelt der Gegenstände und dem Individuum. Je reichhaltiger und unmittelbarer der Umgang mit Dingen und Gegenständen ermöglicht und zugelassen wird, umso reicher und differenzierter entfaltet sich die Sinnlichkeit und Wahrnehmungsfähigkeit des Individuums. „Die menschliche Wahrnehmung ist gegenständlich und sinnerfüllt. Sie lässt sich nicht auf eine nur reizmäßige Grundlage reduzieren. Wir nehmen nicht Empfindungsbündel und nicht Strukturen wahr, sondern Gegenstände, die eine bestimmte Bedeutung haben." (16)

Die Bedeutungsgehalte, die Gegenständen in Bezug auf unsere individuelle Bildungsgeschichte zukommen, verkümmern meist alsbald in einer Alltagsroutine der Wahrnehmung. Denn in unseren Erziehungsverläufen wird die Tatsache immer mehr verdrängt, dass für Kinder Gegenstände ihrer Welt *Aktionsdinge* sind, dass sie zu ihrem *Begreifen* – im wahrsten Sinne des Wortes – Aktions- und Freiräume brauchen. Solche werden ihnen noch am ehesten im Kindergarten zugestanden, aber ansonsten aus ihren Lebenswelten in Wohnung, Schule, Stadt einfach wegrationalisiert.

Weitergehende Einschränkungen sinnlicher Aneignung sind nicht das natürliche Ergebnis einer Wahrnehmungsreduktion, mit der sich das Individuum vor einer Reizüberflutung schützt, sondern erlerntes Verhalten. Sie resultieren aus der Zerstörung der Zusammenhänge zwischen den Dingen und den Menschen und dem Umgang damit. Die Folge ist ein Verlust an Wahrnehmungsfähigkeit, der immer dann schmerzvoll ins Bewusstsein tritt, wenn wir an der Hand eines Kindes, das davon noch eine Ahnung hat, Dinge wieder neu und anders betrachten. Die Wahrnehmungsfähigkeit ist also keine konstante Größe, sondern eine durch Erziehung und Lernen erworbene Kompetenz des Menschen, die als Folge von gesellschaftlichem Wandel (Arbeitsformen, Freizeitverhalten, Informationszunahme, Mediennutzung) sich ständig ändert.

Ein schönes Beispiel für verändertes Wahrnehmungsverhalten ist dabei jene Mutter, die ihrem Kind anlässlich eines Urlaubs auf dem Bauernhof das Landleben anhand eines Bilderbuches erklärt, anstatt mit dem Kind den Kuhstall gleich gegenüber aufzusuchen, in dem beide die Tiere sehen, berühren und riechen könnten. Dies sind die Schattenseiten einer Kindheit im Medienzeitalter: Die Wahrnehmung vieler Dinge geschieht nur noch vermittelt und ist weder mit authentischen noch sinnlichen Erfahrungen verbunden. Die dadurch ausgelösten Wahrnehmungsveränderungen beziehen sich aber schließlich nicht nur auf die gegenständliche Welt, sondern auch auf menschliche und soziale Beziehungen. Die Art und Weise des Umgangs mit den Dingen dieser Welt ist zugleich Indikator für die Art und Weise der Beziehungen der Menschen selbst. Die Kinder haben eine „Wegwerfgesellschaft" weder im Verhältnis zu den Dingen noch in Bezug auf Beziehungen erfunden.

Selbst die Schule beklagt einen „Werteverlust" wie einen naturwüchsigen Vorgang, den sie aber selbst durch die permanente Reduzierung einer gegenständlichen Praxis zugunsten abstrakt-intellektueller und entsinnlichter Vermittlungsformen von Wissen und Erfahrung fördert. Und dies wird wider besseres Wissen vollzogen, wie ein Blick ins pädagogische Geschichtsbuch beweist: „Wer liest, soll im Lesen die Wortwelt auf die Erkenntnis der Wirklichkeit hin überschreiten; wer Bilder ansieht, soll von der Bilderwelt zur Vorstellung und Erfahrung der wirklichen Welt übergehen." (17)

Von der Ästhetik der Dinge

Eine ästhetische Bedeutung erhalten Dinge erst durch bewusste Wahrnehmung, jenseits aller Fragen, ob etwas schön oder hässlich sei. Ein Beispiel soll dies verdeutlichen: Einem Kiesstrand am Fluss wird kaum jemand einen ästhetischen Wert zumessen; jedoch wird derselbe Kies in einem japanischen Garten aufgeschüttet und werden mit einem Rechen darin kunstvoll ornamentale Muster gezeichnet, tritt plötzlich eine Wirkung ein, die zu Meditation und Beschaulichkeit einlädt. Ebenso ergeht es den Felsbrocken, die aus einem unbeachteten Haufen im Gebirge nun in dieses Kiesbett kunstvoll eingefügt werden. Die Dinge erhalten eine neue Bedeutung und üben eine andere, ästhetische Wirkung aus.

Ähnlich ergeht es vielen Dingen, die unbeachtet auf einem Schrottplatz, beim Sperrmüll, in den Abfallkörben der Industrie herumliegen. Werden sie aus ihrem gewöhnlichen Verwertungszusammenhang herausgelöst und in einen neuen Kontext gesellt, sei es isoliert oder kombiniert mit anderen Materialien, erhalten sie durch diesen schöpferischen Prozess eine veränderte Bedeutung, die den Dingen als Möglichkeit bereits innewohnt, die aber so noch niemand bis dahin zu sehen vermochte.

Das radikalste Beispiel liefert dafür der Dadaismus, der eine Kloschüssel zum Kunstwerk erklärt, zwar in provozierender Absicht, aber mit Erfolg. Wie abhängig die Dinge in ihrer Wirkung und Bedeutung von ihrer Umgebung sind, zeigt die mit Fett eingeschmierte Badewanne von Beuys, die noch in einem Lager steht und von den Museumswärtern anlässlich eines Betriebsfestes gesäubert, um darin ihr Bier kalt zu stellen. Damit ist dies Kunstwerk unwiederbringlich zerstört!

Die Wahrnehmung ist der Schlüssel zu den Geheimnissen, die den Dingen eingeschrieben sind und die es durch bewusste und experimentierende Gestaltung zu entdecken gilt. Der Umgang mit den Dingen schafft dann auch wieder eine sinnliche Empfindlichkeit und ästhetische Wahrnehmungsfähigkeit als Voraussetzung für eine neue Beziehung zur Welt.

VOM BAUM ZUM HOLZWURM: HOLZSKULPTUREN AUS BAU(M)STEINEN

Ein Windbruch beschert uns gegen Abholung viele Baumstämme in unterschiedlichen Dicken. Ein befreundeter Förster schneidet sie mit der Kettensäge in handliche Stücke, so dass die Kinder sie noch tragen können. Als übergroße Bauklötze liegen sie längere Zeit zu einem wilden Haufen getürmt herum. Dann und wann legen die Kinder sie zu Vierecken und Kreisen aus, bauen sich eine kleine Höhle, die noch mit grünen Zweigen geschmückt wird. Manchmal errichten auch Eltern mit den Kindern Türme, die einfach so in der Landschaft stehen bleiben und aus der Ferne an die Türme von San Gimignano erinnern.

Manchmal holen sich auch Kinder aus der Holzwerkstatt einen Holzblock, um ihn zu verarbeiten. Zwei Scheiben werden mühsam mit einer großen Handsäge abgeschnitten, um daraus ein Fahrzeug zu bauen. Andere wollen sich ein Fahrrad konstruieren, aber das Werk will so recht nicht gelingen und sie geben den Plan wieder auf. Aber inzwischen ist der Holzstoß als Baumaterial entdeckt und es beginnen die ersten größeren Projektvorhaben in Eigenregie.

DIE ÄSTHETIK DER DINGE

Das Spiel mit Bauklötzen ist ein altbekanntes Spiel, das nach und nach durch Legosteine aus den Kinderzimmern verdrängt wird. Durch den Steckmechanismus, der die Steine fest aufeinander hält, ergibt sich allerdings ein anderer Materialumgang als mit Bauklötzen, die im Gleichgewicht zu halten immer viel Geschick und statische Logik erfordern. Und dann erst die Balanceprobleme bei gewagten Turm- und Brückenbauten sowie die permanente Einsturzgefahr beim weiteren Spiel! Wieder einmal verschwindet ein Stück physikalischer Naturerfahrung aus den Kinderzimmern.

Das Spiel mit den rohen, unbehandelten Bauklötzen aus Baumstämmen nimmt diese Erfahrungsdimension wieder auf. Die Eigenschaften des Materials wie Größe, Gewicht, Naturbelassenheit und Formenvielfalt erlauben zudem auch einen freieren, raumgreifenden Umgang beim Schichten und Bauen. Gefordert ist die Bereitschaft zur fantasievollen Improvisation, die einmal festgelegte Vorstellungen öffnet für neue, spontane Gestaltungsmöglichkeiten. Gelöste Fragen der Befestigung, Balance und Statik verleihen den gebauten Objekten schließlich eine gewichtige Bedeutung, da ihnen die Flexibilität und der experimentelle Gestaltungsmut anzusehen sind.

Solange der Vorrat an „Bauklötzen" ausreicht, bleiben die gebauten Objekte stehen. Danach aber werden die, die schon längere Zeit herumstehen, einfach umgestoßen und mit dem wiedergewonnenen Material wird weitergebaut.

Vorbereitung:

Baumstämme von 20 bis 40 cm Durchmesser werden in Stücke geschnitten. Sie sind bei Forstverwaltungen gegen Selbstabholung meist günstig zu haben.

"DENKMAL – SCHAU MAL!": URVIECHEREIEN

Zwei Mädchen fertigen eine Skizze für ein eiszeitliches Urtier und versichern sich der Mithilfe eines der künstlerischen BetreuerInnen. Zwei längere Holzstämme müssen zur Verankerung senkrecht in den Boden eingegraben werden, denn sie wollen, dass auch alles zum Schluss fest gefügt und sicher steht. Dann werden die Holzstücke aufgeschichtet, ein Maul und ein Schwanz werden statisch ausbalanciert und mit weiteren Holzstücken tragfähig gesichert. Fast einen ganzen Tag wird gewerkelt und gegen abend steht das Ungetüm und blickt träumerisch auf die glitzernde Isar hinab.

Sowohl die vergrößerte Form, wie die spezifische Materialqualität verleihen den Objekten eine besondere, spürbar andere Ästhetik, die verstärkt wird durch die nicht unmittelbar mögliche Einordnung und Klassifizierung der Objektbedeutung, die dem Betrachter Raum für eigene assoziative Interpretationen zugesteht. Die Objekte stehen wie selbstverständlich als eigenwillige Zeugen kindlicher Formkraft und Bewegungslust auf der Wiese und verlangen eigentlich nach keiner weiteren Deutung.

Material: Motorsäge (für die Hand der Betreuungsperson), Baumsägen (für Kinderhände), Stemmeisen, Holzhämmer, Hacke und Schaufel (falls man graben muss)

Variante: Falls sich größere Kinder und Jugendliche an der Aktion beteiligen, sind auch schwierigere Vorhaben durchführbar. Aus größeren Baumstämmen werden mit einer kleineren Baumsäge die groben Umrisse einer Figur herausgeschnitten. Dazu ist es unbedingt notwendig vorher Skizzen der „Figur", was immer es auch werden soll, anzufertigen, damit die räumlichen Verhältnisse in etwa klar sind. Anschließend wird mit Stemmeisen, Holzhammer und groben Holzfeilen weitergearbeitet. Es empfiehlt sich eine HolzbildhauerIn für diesen Arbeitsbereich zu gewinnen, die Hinweise für den Umgang mit den Werkzeugen und auf Bearbeitungstechniken geben kann. Für die Ideen und deren Umsetzung, sind dann die Kinder oder Jugendlichen selber verantwortlich.

"STÖRE MEINE KREISE NICHT!": TOTEMPFÄHLE UND FARBTUPFEN

Aus dem Haufen klein geschnittener Baumstämme holen sich Kinder jeweils ein Stück. Dieses wird wie eine Maske oder mit abstrakten Mustern bemalt. Sobald mehrere fertig sind, werden sie aufeinander gestellt und ergeben so einen Totempfahl. An diesem werden dann lange Äste horizontal befestigt, die mit lang herabhängendem buntem Bast und bunten Stoffstreifen verziert werden. Sobald der Wind um die Totems streicht, entstehen so Impressionen fantastischer Paradiesvögel.

Material: Motorsäge (für die Hand der Betreuungsperson), Farben zum Bemalen, lange Äste, Schnur, Bast, Stoffstreifen, Scheren, Klebstoff

Variante: Viele Holzklötze werden in einem großen Kreis ganz eng zusammengestellt. Die runden Kopfflächen werden farbig bemalt: bunt durcheinander als Farbtupfen im Gras, in zentrischen Kreisen, als Spirale oder in anderen Mustern.

DIE ÄSTHETIK DER DINGE

FARBORGEL IM PARK

Lange, dünne Baumstämme, von allen Ästen befreit und dickere Baumäste mit Krümmungen und Gabelungen sind das Ausgangsmaterial für dieses Bauwerk. Das Material liegt schon längere Zeit im Spielraum etwas abseits gelagert und niemand weiß damit so recht etwas anzufangen. Hüttenbau, Holzgeflechte, Scheiterhaufen und anderes mehr wird immer mal wieder in Erwägung gezogen, aber niemand wagt sich ernsthaft ans Bauen. Irgendwann kommt eine kleine Gruppe von Kindern anmarschiert und fragt, ob sie mit den Bäumen „so etwas wie ein Golgatha" bauen dürften: mehrere Kreuze, größere und kleinere, verbunden nur mit Holznägeln; kein Eisen solle verwendet werden und das Ganze müsse zum Schluss noch mit Blättern oder farbigen Stoffen ausgestattet werden.

Sie dürfen! Und dann werkeln sie zwei Tage mit Ausdauer an ihrem Werk. Die Stämme und Äste werden am Boden ausgelegt, die Holznägel sind geschnitzt und nun geht es ans Zusammenbauen. Eine erwachsene Person hilft ihnen beim Vorbohren der Löcher, in die dann die Holznägel zur Verbindung eingeschlagen werden. Das Ergebnis befriedigt die Kinder nicht. Die BetreuerInnen fangen nun auch an mitzudiskutieren und Änderungsvorschläge zu machen. Am Abend gehen alle etwas ratlos nach Hause.

Ein Mitarbeiter hat aber inzwischen Feuer gefangen und kommt am nächsten Tag mit einer gezeichneten und kolorierten Skizze wieder. Diese zeigt er den drei HauptbaumeisterInnen und diese erklären feierlich, dass sie sich ihr Bauwerk so in etwa vorgestellt hätten. Nach kurzer Beratung wird das alte Holzgerüst bis auf einen Rest wieder zerlegt. Dann bauen sie wildwüchsig weiter, immer darauf bedacht, dass sich viele Überschneidungen ergeben. Zum einen soll dadurch das Gesamtbauwerk in sich stabil werden und zum anderen ergeben sich so Binnenflächen, die später mit bunten Stoffen bespannt werden sollen.

Über fünf Tage wird an dem Holzgerüst gewerkelt, gebohrt und genagelt. Nahezu jedes größere Kind im Spielraum schnitzt einige der Holznägel. Als Grundmaterial dafür taucht zufällig und woher auch immer ein Sack mit Industrieparkett in Stäbchenform auf. Dazwischen turnen die kleineren Kinder an dem Bauwerk herum, so dass sofort klar wird, wo die Schwachstellen liegen. Dort wird dann augenblicklich nachgebessert. Und endlich steht das Ungetüm aus Ast, Stamm und Baum. Auf einmal wollen es einige Puristen als solches erhalten, als Mahnmal, als Denkmal des Baumes.

Aber die Urväter der Idee lassen sich nicht beirren und beginnen am nächsten Morgen mit dem „Auskleiden" einzelner Flächen. Dazu müssen die Stoffe zugeschnitten und dann mit dem Tacker befestigt werden. Die entscheidende Aufgabe besteht darin, wie bei einem herkömmlichen Bild einen spannungsreichen Farbrhythmus mit den Farben zu finden, die als Stoff zur Verfügung stehen. Es gibt auch gemusterte Stoffe, die aber nach einer ersten Probe als störend, zu schreiend und grell ausscheiden. Die einfarbigen, leuch‐

tenden Stoffe sind dünn und transparent und ergeben je nach Sonnenstand immer andere und neue Lichtwirkungen. Selbst die Gesamtwirkung des Farbenspiels ist je nach Entfernung und Blickwinkel des Betrachters jeweils eine andere.

Ein kleines Kunstwerk ist es also zu guter Letzt doch noch geworden und die Kinder sind stolz darauf, wenn die Erwachsenen davor stehen und bewundernd darüber sprechen. Für einige Tage noch steht es weithin leuchtend im Park, irritierend als Farbklang inmitten von lauter Grün, als spannender Gegensatz von Natur und gestalteter Umwelt, als sichtbares Symbol kindlicher Fantasiekraft.

DIE ÄSTHETIK DER DINGE

Material: dünne Baumstämme und dickere Äste, große Sägen, Sägeböcke, Heuband/Sisalschnur aus der Baywa oder Latten für die Holznägel (ca 1-2 cm im Quadrat), Hämmer, Beißzangen, Beile, Schnitz- oder Tapetenmesser, Tacker, Scheren, dicke Holzbohrer, Bohrmaschine, Stromanschluss, hohe Stehleiter, verschiedene einfarbige (Seiden-)Stoffe, Autoreifen, Beton oder Zement, Spaten

Vorbereitungen:

Die Holzkonstruktion lässt sich auch aus Dachlatten oder Abfallbauholz errichten. Falls die Dachlatten nicht in den Boden eingegraben werden können, brauchen Sie, je nach Größe des Objekts, zwischen zehn und zwanzig Fundamente. Als Fundamente können Autoreifen mit Beton ausgegossen werden; in den noch feuchten Beton werden dann die Pfosten gesteckt.

Falls das Bauwerk auf öffentlichem Grund entsteht, muss es aus Sicherheitsgründen mit einer Absperrung und einer Tafel, die das Klettern verbietet, versehen werden. Dies reicht aber haftungsrechtlich sicher nicht aus. Hier sind Erkundungen vor Ort einzuholen. Am sichersten ist natürlich ein Schulhof, der abends abgesperrt wird.

Die Äste bzw. Latten lassen sich auch durch Schnüre verbinden. Die Holznägel werden aus vierkantigen Holzlatten mit einem Schnitz- oder stabilen Teppichmesser rund geschnitzt; die Länge ergibt sich aus der Dicke der Baumstämme. Die Holznägel werden mit dem Hammer in die vorgebohrten Löcher geschlagen. Sie müssen etwas dicker als der Durchmesser der Bohrlöcher sein, damit sich eine möglichst stabile Verbindung ergibt.

Bunte, leichte Seidenstoffe, die auch nach einem Regen schnell trocknen, kaufen Sie am billigsten bei einem der Schlussverkäufe oder Sie lassen sich die Stoffe spenden.

DER STOFF, AUS DEM DIE TRÄUME...

Bunte, bedruckte und vielfarbige, Stoffe in unterschiedlicher Beschaffenheit üben, vor allem in großen Mengen, einen ungewöhnlichen Reiz auf Kinder aus. Zunächst einmal wühlen sie wahllos in dem Materialhaufen an Reststoffen herum, begeistern sich an Farben und Mustern und reservieren sich schon einmal ihre Lieblingsteile.

STOFFBILDER

Kinder fast jeden Alters können hier mitmachen, wenn sie nur mit Schere und Klebstoff etwas anzufangen wissen. Aus Pappe werden einfache Gegenstände wie Apfel, Blume, Auto, Fisch oder Schmetterling ausgeschnitten. Darauf wird dann ein Stoff nach eigener Wahl geklebt. Oben kommt noch ein Loch hinein, damit die vielen Einzelgegenstände an einer langen Schnur aufgehängt werden können. In der Reihung und nun sichtbaren Vielfältigkeit erhalten diese schnell und einfach herzustellenden Produkte plötzlich einen anmutigen Charme, der im einzelnen Objekt nicht zu erahnen ist. Manche Dinge müssen isoliert präsentiert werden, um ihre Besonderheit zur Geltung zu bringen, andere Dinge erhalten erst durch Vervielfältigung und ab einer gewissen Menge überhaupt eine, eher dekorative, aus der Wiederholung kommende Wirkung.

Auf diese Weise lässt sich der Kindergarten, der Schulhof oder irgendein anderer Raum eindrucksvoller gestalten als durch alle gekauften Industriegirlanden. - Aus mehreren Stoffbildern lassen sich auch große Mobiles herstellen, die man in die Bäume hängen und im Wind baumeln lassen kann.

Material: Pappe, Spiegelbruch, Farben, Pinsel, Klebstoff, Scheren, Teppichmesser, Glasschneider, Latten und Leisten oder unterschiedlich lange und starke Bambusstäbe, Schnur, lange Leiter, Stoffreste, Stoffkleber, Schnur, Wäscheklammern, Scheren, Stifte

Variante: Nach dem gleichen Prinzip lassen sich bunt-schillernde Paradiesvögel herstellen: Die Umrisse werden wieder auf Pappe gezeichnet, die Form wird ausgeschnitten, bunt bemalt und evtl. noch mit Spiegelbruchstücken verziert. Hat man eine größere Anzahl von Vögeln beisammen, so kann in einer Gemeinschaftsaktion ein großes Mobile daraus entstehen. Zunächst werden zwei Pappfiguren an einer dünnen Holzlatte aufgehängt. Zwei Teile davon werden anschließend an einer weiteren, etwas stärkeren Holzlatte ausbalanciert. Zwei Teile dieser Konstruktion werden wiederum nochmal auf einer längeren und stärkeren Holzlatte im Gleichgewicht aufgehängt. Die Einzelteile müssen jeweils frei schwingen können. Sie brauchen also eine lange (Steh-)Leiter und zum Schluss einen hohen Baum, um das großformatige Mobile frei aufhängen zu können.

Variante: Noch einfacher lassen sich lange Fahnenketten gestalten, wobei die Formgebung der einzelnen Fahnen dem Erfindungsreichtum der Kinder überlassen bleiben kann. Fahnen werden direkt aus den Stoffresten ausgeschnitten oder in Teilstücken auf einen Trägerstoff aufgeklebt. Dabei können auch „Bilder" in Form alter Wandteppiche gestaltet werden. Die einzelnen Fahnen befestigen die Kinder an einer langer Schnur, die zum Abschluss zwischen Bäume gespannt wird, damit die Fahnen auch tatsächlich im Winde flattern.

WINDRÄDER

Material: unterschiedlichste nicht zu kleine Stoffreste, Stoffkleber, Draht, Fahrradfelgen, Dachlatten oder Bambusstäbe, Scheren

Aus alten Fahrradfelgen und Stoffsegeln entstehen Windräder. Man braucht nur einen drehbaren Angelpunkt. An den Speichen werden in gleichmäßigen Abständen mindestens acht längere Holzstäbe (1-2 cm im Quadrat) mit Draht befestigt, abwechselnd auf der einen und der anderen Seite. Dadurch erhalten die Stoffflächen zwischen zwei Holzstäben eine leichte Neigung und der Wind kann das Rad drehen. Der Stoff wird auf die Holzstäbe geklebt oder getackert.

DIE ÄSTHETIK DER DINGE

VERHÜLLTE LANDSCHAFT

Mit einfarbigen Stoffbahnen können Sie Zeichen und Bilder in die Landschaft legen. Das Material erlaubt nur einfache, reduzierte Formen. Denn aus der Ferne nehmen die BetrachterInnen nur die farbigen Großformen wahr, sodass Sie die Ästhetik der

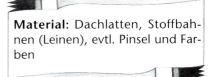

Material: Dachlatten, Stoffbahnen (Leinen), evtl. Pinsel und Farben

Fernwirkung nicht aus dem Auge verlieren sollten.

Wollen Sie die Stoffe später nicht mehr anderweitig verwenden, können sie auch bemalt oder beschriftet werden.

AUS DER KÜCHE FLIEHENDER HOLZSTUHL: ENVIRONMENT I

Für diese Art von Objektgestaltung muss ein reichhaltiger Fundus an Krempel, Zeug und Gegenständen vorhanden sein, den entweder die Kinder in der Umgebung des Spielraums sammeln, sozusagen als Fundstücke ihrer Lebenswelt, oder dieser Abfallberg wird vorher von den BetreuerInnen besorgt. Eigentlich ist alles zu gebrauchen, solange noch keine Idee vorhanden ist, für die die Materialien gezielt gesucht werden könnten. Es sind die Dinge und Gegenstände selbst, die Ideen und Gestaltungseinfälle hervorrufen und entzünden sollen. *Sollen* ist der aufrichtige Ausdruck, denn aus Erfahrung zeigen die Kinder lange Zeit weder Fantasie noch schöpferische Einfälle, selbst wenn wir sie zu „Objekt- und KonzeptkünstlerInnen" ernennen.

53

DIE ÄSTHETIK DER DINGE

Es braucht Zeit, Geduld und manchmal auch eine eigene Anfangsidee, um den Kindern die Absicht klar zu machen. Wie sollen sie sich auch vorstellen können, dass aus Sachen, die sie wegwerfen und die ihnen als Abfall bekannt sind, ästhetische Objekte entstehen können. Es muss nicht immer alles aus den Tiefen der kreativen Kinderseelen kommen. Ist erst einmal ein Anfang gesetzt, dann kommen die Einfälle und verschütteten Fantasien der Kinder wieder, was noch und anders gemacht werden könnte. Plötzlich wird der Abfallhaufen umgekrempelt und das Unterste nach oben gezerrt und die Fantasie hat ihre Schiene gefunden, auf der sie sich entfalten kann.

Für diese Arbeitsform mit Abfallmaterial gibt es keine spezifische Anleitung, denn alles ist möglich, denkbar und richtig, wenn es nur zum Schluss ein originelles, stimmiges „Gesamtwerk" wird. Was immer Kinder und Erwachsene hinzufügen oder weglassen, Entscheidungen können nicht diskursiv herbeigeführt werden. Es gilt, sie zu treffen und zu wagen! Erst dann kann diskutiert und kritisiert werden, denn es wäre gelogen zu behaupten, dass dabei nur geniale Objekte entstehen. Aber auch die Erfahrung des Scheiterns muss möglich sein.

Beim „Küchenobjekt" sind ein Tisch und ein Stuhl mit abgebrochenen Beinen die Ausgangselemente. Im Gespräch mit den Kindern fällt die Bemerkung, es sehe aus, als hätte ein Kampf stattgefunden und der Stuhl möchte aus der Küche fort. Damit ist die Idee geboren, dass er Flügel bekommen solle, um aus der Küche davon zu schweben. Der Rest ist Handwerk und schmückendes, erklärendes Beiwerk.

Ein Stuhl wird so an den Tisch geschraubt, dass Letzterer wieder steht; der „fliehende" Stuhl wird so oben auf den Tisch montiert, dass er den Eindruck erweckt, er würde davonfliegen. Auf den

Tisch kommen aus dem Abfallfundus noch Haushaltsutensilien, wie sie nach oder vor einem Essen üblicherweise vorzufinden sind: Teller, Gläser, Besteck, Blumenvase, Wurst und Brot. Das Ganze wird zunächst mit weißer Dispersionsfarbe gestrichen.

Später entscheiden die Kinder es wieder bunt anzumalen.

Zufällig steht gegenüber dem Tisch (wohl aus dem Malatelier) eine Leinwand, auf die der Schatten des Tisches fällt. Ein Kind beschließt, bezaubert von dem schwarzweißen Umrissbild, diesen Schatten nachzumalen. Am nächsten Tag wandert der Schatten wieder über die Leinwand bis er mit dem gemalten zur Deckung kommt: Von da an wissen wir immer, wann es fünfzehn Uhr ist und wie eine Sonnenuhr funktioniert.

FENSTER IN KINDERSEELEN: BILDER AUF FENSTERGLAS

Alte Sprossenfenster aus Abbruchhäusern eignen sich besonders für Hinterglasbilder: Zum einen, weil sie bereits den Rahmen mitbringen und zum anderen wegen ihrer nostalgischen Ausstrahlung und der ihnen ohne weiteres Zutun innewohnenden symbolischen Bedeutung als, je nach Standpunkt von MalerIn bzw. BetrachterIn, Blick in Innenräume oder nach außen. Die Idee ist sicherlich nicht neu, aber immer aufs Neue wirkungsvoll. Sie bietet vor allem als Galerie angeordnet eine überraschende Einsicht in die Kinderseelen, ihre Träume und Wünsche, die sich nirgendwo so ungeschminkt offenbaren als in ihren freien Malereien.

Die Fensterrahmen stehen im Atelier für alle zur Verfügung und es gibt nahezu kein Kind, dass sich nicht mindestens ein-

DIE ÄSTHETIK DER DINGE

Material: alte Sprossenfenster aus Abbruchhäusern oder Recyclinghöfen; wasserfeste Dispersionsfarben, feine und breitere Pinsel, Malkittel, Wassereimer, evtl. Haken zum Aufhängen der Bilder, Schwämme zum Abwaschen der Farben, falls ein Kind nicht zufrieden ist mit seinem Bild

mal daran versuchen möchte. Manche bemalen ein ganzes Fensterteil allein, um es am Ende der Aktion stolz mit nach Hause zu nehmen. Es gibt kaum ein Kind, das sich eine Vorzeichnung oder Skizze anfertigt. Fast alle malen spontan darauflos und haben auch keine Skizzierung nötig.

Wegen der besonderen Technik der Hinterglasmalerei bedarf es aber einiger Erklärungen. Anders als beim Malen mit Deckfarben auf Papier muss sozusagen „verkehrt herum" gedacht und mit den Teilen zuerst angefangen werden, die sonst zum Schluss kommen: Also erst die Spange im Haar, die Augen und der Mund und dann erst kommt die Haar- und Gesichtsfarbe darauf. Zum Schluss wird am Besten die ganze Fläche noch mit einer Hintergrundfarbe oder Schwarz übermalt, damit etwaige freie Stellen geschlossen werden. Wird nun das Fenster herumgedreht, so sieht man ein Gesicht, das den Betrachter aus einem Raum heraus anschaut. Natürlich ist auch ein Blick aus dem Fenster hinaus mach- und malbar oder ganz was anderes.

VERGÄNGLICHE MODE: PAPIERKLEIDER

Dünnes Papier ist ein raschelndes, knitterndes, leicht formbares, aber auch leicht reißbares Material, das sich an heißen Sommertagen auf der nackten Haut angenehm kühlend anfühlt und vor der stechenden Sonne schützt. Es eignet sich nicht für Dinge von Dauer, sondern nur für eine spaßige Verkleidungsaktion an einem Nachmittag. Es braucht dafür auch keine großen Pläne, sondern es können spontan ständig neue Kreationen ausprobiert werden. Die Hände formen das willige, kaum Widerstand zeigende Material, knüllen, kneten, reißen Streifen, binden Schlaufen, schoppen, drehen Rosetten. Nur grob und ungeduldig darf nicht damit umgegangen werden. Wenn trotzdem etwas kaputt geht, wird es einfach wieder geklebt. Mit Klebeband können alle Faltungen fixiert und zusätzliche Farbpapiere befestigt werden.

In einer Gruppe arbeiten immer mehrere Kinder. Zunächst sollten sie mit den Hüten und Kopfbedeckungen anfangen. Dafür ist manchmal etwas stärkerer Karton als Gerüst notwendig, das dann umkleidet wird. Dann helfen sich die Kinder gegenseitig beim „Ankleiden" und Verzieren der Kostüme und bald ist die neue Sommerkollektion fertig. Zum Abschluss bietet sich natürlich eine Modenschau an oder ein Umzug durch den Park oder, wer die Aufräumaktion mit den Kindern hinterher nicht scheut, ein Fangspiel mit den Kleidermotten ...

Material: Makulaturpapier, bunte Papierstreifen und -reste zum Verzieren, Plakatkarton o. Ä. zum Versteifen, Tesakrepp oder braunes Paketklebeband in großen Mengen, ausreichend Müllsäcke

Hinweis: Makulaturpapier ist auf Restrollen günstig bei Zeitungsdruckereien zu kaufen, geschenkt gibt es dieses schon lange nicht mehr.

DIE ÄSTHETIK DER DINGE

KOCHLÖFFEL-ORCHESTER: FIGURENTHEATER

Material: große Kochlöffel, bunte Stoffreste, Klebstoff, Bänder, Wollreste, große Leinwand für die Kulisse, Küchenrequisten wie Gabel, Schere, Weinglas, Teller, Teekanne, Pinsel, Farben

Eher durch Zufall kommt das Kochlöffeltheater zustande, da uns jemand eine Kollektion großer Kochlöffel vobeibringt und fragt, ob wir diese brauchen könnten. Nach der Devise, dass alles irgendwann und irgendwie zu gebrauchen sei, verschwinden sie zunächst in einer der großen Materialkisten. An einem Nachmittag taucht eine Rollstuhlfahrergruppe auf, die etwas eigenes für sich machen will, da sie sich nicht ohne weiteres auf die Werkstätten verteilen können. Da sind die Kochlöffel gerade richtig und für den Abschluss ihres Nachmittags wird eine Aufführung beschlossen.

Die Kochlöffel werden mit einfachsten Mitteln in Figuren verwandelt. Auf einem Stück Leinwand entsteht als Bühnenbild eine Küche. Am Küchenschrank bei einer Schublade wird ein Schlitz eingearbeitet. Aus diesem kommt das Besteck, denn in dem Stück treten schließlich auch noch Messer, Gabel und Löffel auf. Und zum Schluss, so viel bekomme ich in meiner Werkstatt noch mit, veranstalten die Kochlöffel mit allen Kindern ein Krachkonzert auf allen möglichen Töpfen, Topfdeckeln und Blechbüchsen.

"DAS BIN ICH DOCH NICHT SELBER?" - SPIEGELKABINETT

Abgesehen von dem Zufall, dass wir bei der Suche nach Materialien, von einer Verpackungsfirma eine Rolle spiegelnder Folie geschenkt bekommen, ist das Thema *Spiegel* für Kinder immer ein aufregendes und spannendes Spiel. Also, an nichts achtlos vorbeigehen was glänzt und auch nur irgendwie spiegelt!

Material: Balken, Dachlatten, Akku-Schrauber, Schrauben, Winkeleisen, Spiegelfolie, Scheren, Tacker

Mit der spiegelnden Folie, auf der einen Seite golden und auf der anderen silbern, eigentlich gedacht für Verpackungstüten, wird ein ganzes Spiegelkabinett gebaut. Die Rahmenkonstruktion, etwa fünf auf fünf Meter groß, entsteht aus dickeren Balken. Die Innenaufteilung erfolgt mit Dachlatten, sodass ein verschlungener Weg durch den später verdunkelten Raum führt. Die Abdeckung geschieht mit einer dicken, schwarzen Plane, in die an manchen Stellen kleine Löcher geschnitten werden, durch die spärliches Licht einfallen kann. Den Bau können Sie sich wie eine kleine Geisterbahn vorstellen.

Das Raumgerüst wird gänzlich, außen wie innen, mit der Spiegelfolie verkleidet, wobei darauf geachtet wird, dass konvexe und konkave Biegungen entstehen. Das Spiegelkabinett steht einfach für die Kinder als Spielobjekt da. Den ganzen Tag sind daraus überraschte Ausrufe und staunendes Lachen zu hören und die Kinder, die die glitzernde und gleißende Außenseite für ihre Verrenkungen und Selbstbespiegelungen benutzen, geben ein lustiges Bild ab. Für narzisstische Bedürfnisse ist dieses Spiegelhaus nicht geeignet, denn die Abbilder sind stets nur verzerrt, in die Länge oder Breite gezogen und gedehnt, als Mogelpackung oder Knittermonster.

DIE ÄSTHETIK DER DINGE

GRÄSER, BLÄTTER, BLÜTEN, WOLLE, STEINE: BILDER AUS NATURMATERIALIEN

Archimbolda ist der erste Name, der einem im Zusammenhang mit Naturmaterialien einfällt. Bestehen seine Bilder doch aus Früchten, Gemüse und Blumen. Diese wundersamen „nature morte"-Stillleben sind von anderen KünstlerInnen vor und nach ihm noch um Tiere bereichert worden, von toten Fasanen und Fischen bis hin zu Hasen und Hirschen. Hier eröffnet sich ein unerschöpfliches Feld für Gestaltungsmöglichkeiten, da die Materialien, zumindest aus dem Bereich der Flora, leicht zu beschaffen sind.

Material: Blätter und Blumenblüten aller Art, Gemüse, Kräuter, Grashalme, Farne...

BLÄTTER UND BLÜTEN

Zunächst geht es darum, mit den Kindern Blätter und Blüten zu sammeln. Machen Sie die Kinder vor allem darauf aufmerksam, dass sie auf die unterschiedlichen Nuancen des Grüns der Blätter achten; denn ansonsten tun sie sich später schwer, daraus erkennbare Bilder zu legen. Mit Blumenblüten, zumal wenn sie unterschiedlicher Farbe sind, ist es da schon einfacher. Auch Gemüsesorten und Früchte machen es einem leicht, zumal sich hier ebenso die unterschiedlichen Formen als Gestaltungsmittel einsetzen lassen.

Diese subtile Arbeitsform, mit Gräsern, Blättern und Blüten zu experimentieren und daraus Bilder zu legen, zieht zunächst eher introvertierte und schüchterne Kinder an, die gerne still vor sich hinarbeiten und dabei Materialien vor sich haben, die bezüglich Farbe und Form keine Entscheidungen mehr verlangen. Unter ihren Händen entwickeln sich durch Auslegen, Sortieren und Verschieben immer neue sensible Farbbilder bis sie einen Punkt erreichen, an dem sie beschließen, dass ihr Werk fertig ist.

KIESELSTEINE

Begonnen wird mit einer kleinen „Malfabrik", in der die Steine rot, blau, gelb bemalt werden. Zum Trocknen werden sie in Gitterkörbe gelegt und dann in Kisten oder Glasröhren gesammelt, wobei Letztere den Vorteil haben, dass die Kinder die Steinmenge wachsen sehen. Sind genügend Steine bemalt, können die Kinder beginnen, mit ihnen Bilder zu legen, entweder im grünen Gras, im Sand oder auf einem weißen Kieselstrand. Es sind vergängliche Bilder, die auch schnell wieder zerstört und aufgelöst sind. Dann geht es mit anderen Kindern wieder von vorne los. Die Steine können getrost einfach so liegen bleiben. Kinder, vor allem kleinere, werden alleine oder zu mehreren mit den Steinen hantieren und sich nach ihren eigenen Vorstellungen und Regeln farbige Bilder legen.

Material: kleine und größere Kieselsteine aus einem Fluss oder Baumarkt, Meißel, Hammer, Vorschlaghammer, Dispersionsfarben, Körbe

Variante: Größere Kieselsteine können mit einem Vorschlaghammer zertrümmert oder mit einem Steinmeißel geteilt werden. Die zufällig entstehenden Bruchflächen werden von den Kindern mit leuchtenden Farben bemalt und dann wieder fast zusammengesetzt, so dass aus einem Spalt gerade noch die Farbe zu sehen ist.

SPINNEREIEN MIT WOLLE

Hiermit sind großformatige „Wollbilder" in der Landschaft gemeint, die ihren Reiz aus der Dichte der gespannten Wollfäden erhalten. Sie folgen keiner Weblogik, sondern werden nach eigenen Einfällen entweder parallel oder mit vorher festgelegten Farbüberschneidungen kreuz und quer und hoch gespannt. Die Dimensionen sind nur eine Frage des Platzes, der zur Verfügung steht. Je raumgreifender das Objekt, desto spannender das Spiel, weil viele Kinder mitmachen können.

DIE ÄSTHETIK DER DINGE

Material: mehrere Baumstämme, kleine Holzpflöcke, Spaten, Nägel, Hämmer, viele bunte Wollknäuel

Baumstämme von etwa einem Meter Länge werden entweder am Boden waagrecht mit kleinen Holzpflöcken fixiert oder senkrecht eingegraben. Die Entfernungen der einzelnen Baumstämme sollten nicht mehr als fünf bis sieben Meter betragen. Dann werden in Abständen von zwei bis drei Zentimetern jeweils die gleiche Anzahl von Nägeln auf allen Baumstämmen eingeschlagen. Und schon kann mit dem Verspannen der Wollfäden begonnen werden, nach Lust und Laune. Die Bilder, die sich ergeben, erinnern unausweichlich an die fliegenden Spinnenfäden eines schönen Altweibersommers ...

REIBEN, SCHNEIDEN, KLEBEN: COLLAGEN – NICHT NUR – AUS ZEITSCHRIFTEN

Klebebilder (Collagen ist der seriöse Fachausdruck dafür) lassen sich aus vielen Materialien billig, unproblematisch und mit vielen Kindern gemeinsam herstellen. Aber diese einfache und dennoch wirkungsvolle Technik gerät häufig in Vergessenheit. Es soll einmal Zeiten gegeben haben, da war das Schnippeln und Kleben sogar in den feinsten Pariser Salons als angenehmer Zeitvertreib hoch in Mode und alle Herrschaften hatten ihre kleinen Scheren dabei und beklebten alles von Möbeln bis Kutschen.

Die bunten Seiten von illustrierten Zeitungen eignen sich für viele Motive und Bildinhalte. Überlegen Sie sich nur ein griffiges Thema oder einigen Sie sich mit den Kindern auf ein Motto. Welche Farbteile dann im Einzelnen gebraucht werden, finden die Kinder selber heraus. Es empfiehlt sich auf der Unterlage, entweder selbst oder durch Kinderhand, eine grobe Vorzeichnung anzulegen, weil dann selbst bei wechselnden TeilnehmerInnen nicht mehr viel zu erklären ist. Manche Dinge verstehen sich eben von selbst, wie zum Beispiel, dass ein Badestrand viele gelbe, bräunliche und blaue Farbbildteilchen nötig hat.

Variante : Manchmal haben grafische Betriebe Buntfolienabfälle, die sie bei Abholung gerne verschenken. Mit diesen können die Kinder bunte Bilder auf schwarzen Untergrund kleben. Papageien entstehen da von ganz allein und es darf nur nicht vergessen werden, sofort Abfalleimer oder Müllsäcke aufzustellen, sonst müssen abends die abgezogenen Deckblätter alle mühsamst aufgelesen werden, vor allem wenn zwischendurch ein boshafter Windstoß durchs Atelier gefegt ist.

Material: Illustrierte, mehrere große Bogen Packpapier, viele kleine Scheren, Tubenkleber oder Tapetenkleister, bunte Papier- und Kunststofffolienreste, bunter Karton in möglichst vielen Farben, schwarzer Karton (DIN A4/A3) bzw. Schwarzfolie (gibt es im Baumarkt) als Bildträger, Schachteln zum Aufbewahren der Schnipsel (nach Farben und Formen sortiert!)

Die Arbeit mit den kleinen bunten Folienschnipseln, von denen nur die Schutzfolie abzuziehen ist und die dann sofort kleben, ist vor allem für eilige und unruhige Kinder geeignet, bei denen alles immer ganz schnell gehen muss. Es entstehen tatsächlich in kurzer Zeit und ohne viel Zutun bunte Bilder. Durch die begrenzte Farbauswahl müssen sich die Kinder aber doch genauer überlegen, wie sie damit umgehen und unversehens beschäftigen sie sich ausgiebig mit Themen der Farbvariation und Formgestaltung. Manch eilige KundInnen haben dabei plötzlich einen ganzen Nachmittag verbracht.

Variante: Bunten Farbkarton können Sie sich in einer Druckerei oder Buchbinderei in kleine Formen schneiden lassen. Beginnend bei einem Viereck, dann die Hälfte, dann einige Streifen, so dass Sie mit den Kindern die Einzelteilchen in unterschiedlichen Farbkombinationen oder in reduzierter Farbwahl wieder zusammensetzen können. Vergleiche mit Vasarely oder Mondrian bleiben anhand der verblüffenden Ergebnisse nicht aus. Und geniale Kinder bleiben auch nicht bei der durch die Formen vorgebenen Klebelogik, sondern zaubern aus dem Traumland kindlichen Formempfindens einen echten Klimt, den sie weder vom Namen, noch von Bildern her kennen.

KINDERKULTURSACHEN MIT EIGENSINN

Von der Verwandlung der Dinge

Gegenstände „überleben" vielfach ihre BenutzerInnen und sie sind auch gar nicht auf eine Person festgelegt, aber an ihnen verbleiben Spuren. Diese können geschichtliche, gesellschaftliche und kulturelle Verbindungen herstellen. An einem alten Holzhobel, der schließlich im Museum landet, hängen viele Erinnerungen und über ihn lassen sich viele Geschichten erzählen. Zugleich wird deutlich, dass sich in Gegenständen immer auch ein Stück Kultur vergegenständlicht und im Hantieren damit an Kinder weitergegeben wird. Der Gebrauch von Dingen und Gegenständen wird auf diesem Weg, schon lange vor dem Erwerb der Sprache und auch noch lange danach, zu einer wichtigen Vermittlungsinstanz im Erziehungsprozess.

Der Spruch *Messer, Gabel, Scher' und Licht, sind für kleine Kinder nicht* wird heute, vor allem in Bezug auf das Licht, kaum mehr einem Kind einleuchten, denn der Druck auf den Lichtschalter ist ihm von klein auf vertraut. Dazu müsste erklärt werden, dass *Licht* in früherer Zeit meist der brennende Docht einer Öllampe oder die brennende Fackel war. Und damit umzugehen, war gefährlich. Heute werden eher die Steckdosen vor kleinen Kinderhänden gesichert.

Aber die Dinge sind nicht nur komplizierter und komplexer geworden, unsere Haltung ihnen gegenüber hat sich auch verändert. Die Gegenstände unterliegen einer rasanten Verflüchtigung ihres Werts, der es geradezu lächerlich erscheinen lässt, sich nach einem Nagel oder einer Schraube noch zu bücken, wenn es gleichzeitig billiger ist, ein altes Haus abzureißen und neu zu bauen, anstatt es instandzusetzen. Genauso ergeht es Haushaltsgeräten, Lebensmitteln, Kleidern, Büchern. Es gibt nichts, was nicht auf den Müllbergen und in den Recyclinghöfen zu finden wäre, funktionstüchtig, gebrauchstauglich, vielleicht mit einem kleinen Lackschaden. Welcher Narr (oder Erzieher) möchte da den Kindern erklären, dass in allen Dingen ein Wert steckt!

Vom Wert der Dinge zu erzählen lohnt, wenn überhaupt, nur

über sinnlich-gegenständliche Praktiken. Im Umgang mit und der Verarbeitung von möglichst vielen verschiedenen Gegenständen könnte begriffen werden, dass den Dingen mehr innewohnt, als nur der ihnen ehemals zugeschriebene Gebrauchswert. Von der menschlichen Arbeitskraft, die sich in ihnen manifestiert, getraut sich angesichts der zunehmenden industriell-maschinellen Fertigung und der zugleich steigenden Arbeitslosenzahl sowieso niemand mehr zu reden.

Andersherum wird es aber geradezu eine pädagogische Aufgabe der Zukunft sein, die Dinge und Gegenstände wieder in ihr Recht einzusetzen und einen veränderten Umgang mit ihnen für eine neue menschliche Praxis zu fördern. Die Widersprüche des Lebens (Reichtum und Armut, Rüstungsverkäufe und Krieg) sind durch globale Aufklärung nicht begreifbar zu machen; dies kann nur durch einen kontinuierlichen, veränderten Umgang mit den Dingen geschehen, in dem allein zu vermitteln ist, dass alles mit allem zusammenhängt.

Von der Veränderung der Dinge

Gegenstände verändern durch weitere Bearbeitung, durch neue Kontexte, in die sie gestellt werden, durch neue Beziehungen untereinander ihre ursprüngliche und einmal gedachte Bedeutung und Ästhetik. Davon leben Werbung, Dekoration und seit ehedem die Kunst, zu der hier der Einfachheit halber auch die handwerkliche Kunst (Volkskunst) gerechnet sei. Ein Brotstempel, der in einen Teig gedrückt wird, um den eigenen Brotlaib nach dem gemeinschaftlichen Backen wieder zu finden, ist ein Stück Holz, in das auf einer Seite die Anfangsbuchstaben des Namens eingeschnitzt sind. Das reicht auch für seine Funktion.

Nun schnitzen manche Menschen mit liebevoller Mühe auch noch unnötigerweise den Griff des Stempels und machen damit aus dem Stück Holz ein „Kunstwerk" und überhöhen damit die ästhetische Wirkung des Holzes durch Bearbeiten. In dieser Arbeit liegt mehr als die Funktion verlangt; der Besitzer will damit sein eigenes, unverwechselbares Stück gestalten. Die Frage, ob dies in naiver oder hoch entwickelter Form geschieht, ist für die Arbeit mit Kindern unerheblich, denn üben und zur Meisterschaft bringen, kann es jeder bei Interesse selbst. Wichtig ist, dafür die Fähigkeit der Wahrnehmung, die Sensibilität für die Materialien und Dinge zu fördern und praktische Kompetenzen für ihre Bearbeitung zu entwickeln.

IMAGINÄRE LANDSCHAFTEN: BAUEN MIT HOLZABFÄLLEN

Viele Holzreste, wie sie aus den Abfallkisten von Schreinereien kommen, sind das Grundmaterial für diese Landschaften aus Einfallsreichtum und Spontaneität der Kinder. Manchmal legen sie bewusst als kleine Baumeister Städte an, geordnet um vorher festgelegte Straßenpläne, Seen, Wälder oder Wasserarme. Diese eignen sich dann als Hafen.

Kleinere Kinder gehen eher spontan zu Werke, sie nageln oder kleben die Holzstücke wie sie kommen in Reih' und Glied oder kreuz und quer. Wer Probleme damit hat, kann ihnen eine eigene Grundrissplatte zur Verfügung stellen. Auf jeden Fall ist es sinnvoll und notwendig auch einfache und anscheinend simple Produktionstechniken ins Repertoir aufzunehmen, die für kleinere Kinder zur Übung handwerklicher Fähigkeiten im Umgang sowohl mit Materialien, wie mit Werkzeugen wichtig sind. Wer ihnen einmal aufmerksam zuschaut wie ausdauernd sie versuchen einen Nagel durch ein Holz zu schlagen oder ein Brett mit der Säge durchzuschneiden und dabei Angst bekommt, sie würden sich die Zunge zwischen den Zähnen abbeißen, der ahnt, wie wichtig diese handwerklichen Übungen für sie sind.

Material: Sperrholzplatten und -reste (3 - 5 mm stark), Holzabfälle, Holzleim, Laub-, Form- und Feinsägen, kleine Holzleisten, Stoffreste, Hämmer, Nägel, kleine Scharniere (für Schranktüren), Pinsel, Farben

Ansonsten können die Kinder nach Belieben werkeln, Häuser mit Dächern und Schornsteinen versehen, Balkone und Dachrinnen anbringen oder aber die Holzklötze als moderne Wolkenkratzer aufstellen. Mit Farbe bemalt erhalten die Landschaften Konturen, werden in ihrer anfänglichen Unübersichtlichkeit strukturiert und lassen Besonderheiten erkennen. Von der einfachen Form bis zu komplizierten Zugbrücken und Hafenkränen ist alles machbar und irgendwie passt zu guter Letzt immer alles irgendwie zusammen, obwohl meist viele BaumeisterInnen an der Gestaltung einer solchen Landschaft beteiligt sind.

Variante: Neben den Holzlandschaften entstehen noch viele Einzelsachen nach Entwürfen und Plänen der Kinder, die lieber für

sich alleine etwas Spezielles, Eigenes oder lange Erträumtes machen wollen. Ein Mädchen konstruiert mit Hilfe seiner Mutter einen Backofen, ein anderes baut ein Schiff, ein drittes ein Flugzeug, ein Haus mit Garten. Die Liste lässt sich beliebig fortsetzen; spannend daran ist der gleichzeitig gewährte Einblick in die Wünsche, Sehnsüchte und Träume der Kinder, von denen sie auch unverblümt erzählen, während sie sägen, nageln und leimen.

All diese Dinge wären leicht und jederzeit herzustellen, aber ohne Materialien, Werkzeug und den Raum zum Tätigwerden geht das nicht. Manche Kinder bleiben auch nur, weil es die vielen Kinder und ihre animierenden Tätigkeiten sind, die sie nun selbst veranlassen auch produktiv zu werden. In diesem Rahmen entsteht Kinderkultur, jenseits von Spielzeugläden und Schule.

Variante: Die Beobachtung, dass auch Eltern gerne die Werkzeuge und Materialien wieder einmal in die Hand nehmen, wenn alles vorbereitet und zugerichtet ist, führt zur speziellen Einrichtung einer Eltern-Kind-Werkstatt. Dort entstehen in gemeinsamer Arbeit Autogaragen, Bauernhöfe, Kaufläden, Puppenhäuser, dazu die kleinen Möbel und Einrichtungsgegenstände und vieles mehr.

Wichtig ist diese Form der gemeinsamen Arbeit, weil zu beobachten ist, dass viele Eltern entweder ihre Kinder unterschätzen oder ihnen zu viel zumuten und nicht die Geduld aufbringen den schrittweisen Ausbau handwerklich-technischer Kompetenzen abzuwarten und zu unterstützen. In dem entspannten Spielmilieu sind diesbezüglich eher neue Erfahrungen möglich als im sonstigen Alltagsleben.

ZERSTÖREN UND GESTALTEN: MOSAIKBILDER

Aus kleinen, bunten Steinchen bzw. Fliesen legen die Kinder Bilder, wie wir sie aus Wohnhäusern und öffentlichen Bädern der alten Römer kennen. Falls sich die Kinder nicht entscheiden, ganz frei mit dekorativen Mustern und symbolischen Formen zu arbeiten, wird auf einer Spanplatte mit Kreide eine Vorzeichnung frei Hand oder nach einer Skizze gemacht. Nun wird Bruchstück für Bruchstück dünn mit Fliesenkleber bestrichen und an die entsprechende Stelle gedrückt. Zum Abschluss werden die Zwischenräume mit der üblichen Fugenmasse ausgefüllt. Gips reicht aber auch.

Je reichhaltiger die Farbauswahl ist, desto differenzierter kann die Farbgestaltung erfolgen. Es reichen aber erfahrungsgemäß die Grundfarben, außer ein Kind hat sich einen ganz speziellen Bildentwurf vorgenommen wie z. B. *Bunte Vögel im Urwald*, für den viele verschiedene Grüntöne benötigt werden.

Vorbereitung:

Kleine runde oder viereckige Fliesen (meist auf größeren Matten), die bereits bunt glasiert sind, finden sich selten als Restposten bei Fliesenlegern oder im Sanitärfachhandel. Als Alternative gibt es zwei Möglichkeiten: Entweder nehmen Sie bemalte oder einfarbig bunte Fliesen oder Sie bemalen mit den Kindern weiße Fliesenkacheln mit Dispersionsfarben. Bei Fliesenlegern bekommen Sie solche Restposten gerne bei Abholung geschenkt. In beiden Fällen werden die Fliesen in einer Holzkiste in kleine Stücke zertrümmert, wobei für jede Farbe, wenn möglich, eine eigene Kiste zu verwenden ist. Schutzbrille dabei nicht vergessen!

Bei selbst bemalten Fliesenkacheln ist es ratsam das Bild zum Schluss mit Klarlack zu schützen. Als Untergrund eignen sich Reststücke von unbeschichteten Spanplatten. Beachten Sie bei der Auswahl der Größe, dass die Bilder mit Fliesen und Fugenmasse ziemlich schwer werden.

Material: Fliesen, Fliesenkleber, weiße und graue Fugenmasse oder Gips, Spachtel, Schwämme (zum Reinigen der Fliesen), alte Plastikschüsseln, 10-12 mm starke Span- oder Sperrholzplatten bzw. Pappe, Maurerhämmer, Schutzbrillen, ggf. Dispersionsfarben und Klarlack, Spiegelreste, Teppichmesser/Scheren, Stift, Stichsäge, Glasschneider, Pinsel, Farben

Variante: Die Kinder legen sich auf große Pappkartons und werden im Umriss nachgezeichnet. Die ausgeschnittenen Pappfiguren werden mit kleinen Spiegelbruchstücken vollständig beklebt und ins Sonnenlicht gestellt. Sie glitzern und funkeln geheimnisvoll aus der Ferne. Je größer die Figuren und Objekte sind, desto eindrucksvoller werden die Wirkungen, vor allem wenn die Spiegelteilchen in unterschiedlichen Neigungswinkeln aufgebracht werden.

Allerdings ist dann als Untergrund statt Pappe eine Holzplatte erforderlich, auf die Fliesenkleber aufgetragen wird. Darin werden die Spiegel eingedrückt. Die Zwischenräume werden mit einfachem Gips ausgefugt. Eine sich betrachtende Person sieht nicht ihr gewohntes Spiegelbild, sondern ein vielfach gebrochenes Zerrbild, wie ein altes, von vielen Rissen durchzogenes Ölgemälde. Diese ungewohnte Perspektive übt auf Kinder eine ungemeine Faszination aus und zieht sie immer wieder an.

Variante: Die ausgeschnittenen Pappumrisse werden angemalt und fertig ist das bunte Kind, das dann in die Landschaft gestellt werden kann. Die eigentliche Herausforderung liegt dabei in der möglichst originellen Bemalung, die in Gruppen erfolgen kann. Diese Kleinproduktionen fördern die Fähigkeit zum gemeinschaftlichen Arbeiten und die Kinder beteiligen sich gerne daran, wenn Sie ihnen erklären, dass die Figuren später für Spiele wie *Zielwerfen mit Fahrradreifen* oder *Staffellauf mit Pappkamerad* gebraucht werden.

"...WAS RASCHELT IM STROH?" – PUPPEN, TIERE, VOGELSCHEUCHEN

Stroh ist zwar ein leichtes Material, aber nicht leicht zu bearbeiten, da es nicht nur im Wind ein flüchtiger Baustoff ist, sondern auch ansonsten alles lieber tut, als sich in eine bestimmte Form pressen zu lassen. Um dem ganzen Halt zu geben, ist unbedingt dünnmaschiger Hasendraht nötig. Damit aber lässt sich nahezu alles formen, von Tieren bis Menschen.

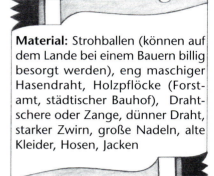

Material: Strohballen (können auf dem Lande bei einem Bauern billig besorgt werden), eng maschiger Hasendraht, Holzpflöcke (Forstamt, städtischer Bauhof), Drahtschere oder Zange, dünner Draht, starker Zwirn, große Nadeln, alte Kleider, Hosen, Jacken

Die Rohform wird aus Hasendraht hergestellt und mit dem Stroh ausgestopft. Einfache Formen lassen sich aus einem Stück machen, bei größeren können Einzelteile gesondert gefertigt und dann zusammengefügt werden. Bei einem Elefanten werden so der Rüssel, die Beine, die Ohren und der Rumpf samt Kopf als Einzelteile hergestellt und dann mit kleinen Drahtstücken zusammengefügt. Dabei ist das Stroh so fest als möglich zusammenzupressen. Notfalls wird zum Schluss ein dünner Rundstab von unten durch die Beine bis in den Körper geschoben, damit der Elefant standfest wird.

Für Vogelscheuchen benötigen Sie einen Fundus an alten Kleidungsstücken und Hüten. Zuerst werden Hände, Füße und Kopf wieder mit Hasendraht geformt. Die Füße werden jeweils mit einem Stück Wade gefertigt und dieses Stück wird in das Hosenbein geschoben und daran mit Zwirn festgenäht oder mit Draht verflochten. Dann werden die Kleider, Hosen, Jacken und Hemden mit Stroh ausgestopft. Dabei ist immer daran zu denken, dass offene Teile verschlossen werden, damit das Stroh nicht herausfallen kann. Mit einem Hut obendrauf ist die Vogelscheuche fertig.

Können die Vogelscheuchen auf dem Platz stehen bleiben, kann zur Erleichterung der Arbeit ein Holzpflock in die Erde geschlagen werden, an den dann die Hose als Erstes festgenagelt wird. Ist diese ausgestopft, wird weiter oben eine Querlatte festgenagelt, an der das Hemd befestigt, mit dem Hosenbund vernäht und ebenfalls ausgefüllt wird.

Die Arbeit erscheint nur auf den ersten Blick kompliziert, aber viele Hände schaffen in kurzer Zeit erstaunlich abwechslungsreiche Figuren, wobei die Kinder mit viel Spaß die Körperfülle wachsen sehen und immer eine Person kennen, der die Vogelscheuche ähnlich schaut.

ÜCKER LÄSST GRÜßEN: NAGELBILDER

Material: viele kleine Holzbretter, eine ausreichende Menge langer Nägel (4-8 cm lang), Hämmer, Farben, Pinsel

Die Kinder nageln sich ein Bild oder umnageln ein vorher gemaltes Bild; das macht jedes wie es will. Spannend wird es, wenn die Sonne seitlich ins Bild einstrahlt: Dann ergeben sich je nach Sonnenstand unterschiedliche Schattenstriche, die das Bild immer wieder verändern. Die Nägel sollten nicht zu kurz sein, damit sie einen möglichst langen Schatten werfen. Erst nach einigen Versuchen erkennen die Kinder diesen Zusammenhang und können ihn in die gedankliche Konzeption ihres Bildwerkes einplanen.

"ÄRCHÄOLOGISCHE FUNDE": MUSEUM DER NICHTIGKEITEN

Aus weichem Ton werden etwa drei bis vier Zentimeter dicke Tonplatten hergestellt. In diese werden nun Hand- und Fußabdrücke gemacht, unterschiedlichste Gegenstände eingedrückt oder Höhlungen ausgekratzt, die etwas darstellen oder nicht. Zu beachten ist, dass außen herum jeweils genügend Rand stehen bleibt. Die Hohlräume werden anschließend mit flüssigem Gips ausgegossen, der sich nach dem Trocknen aus dem Ton, den man mehrmals verwenden kann, herauslösen lässt. Fertig ist das archäologische Fundstück, Beweis menschlicher Existenz und gegenständlicher Vielfalt! Alle Abgüsse werden gesammelt und auf einer schwarzen Folie präsentiert, weil die weißen Gipssachen auf schwarzem Untergrund besonders gut zur Geltung kommen. Die Ausstellungsstücke können noch beschriftet und mit Kommentaren versehen werden.

Variante: Weitere „Museumsstücke" entstehen aus Modelliermasse (von Fimo bis Modulit). Eine vorher auf eine Holzplatte gemalte Weltkarte oder Unterwasserlandschaft gibt den Kindern den Rahmen für ihre kleinen Schöpfungen, die sie dort später einfügen und aufhängen können. Sie bekommen den Auftrag Dinge oder Tiere aus der Modelliermasse herzustellen, die ihnen für die verschiedenen Kontinente dieser Welt einfallen: der Eiffelturm für Paris, die Giraffe und der Löwe für Afrika, die Freiheitsstatue für Amerika und ein Pinguin für Alaska... Oder die Kinder werden angeregt Fische in allen Formen und Farben, Seepferdchen und Muscheln zu modellieren. Diese Arbeit eignet sich besonders für kleinere Kinder, da auch die kleinsten Hände dies formen können.

"FESTGEMAUERT AUF DER ERDE" – FORMEN AUS DER BILDHAUERWERKSTATT

Stein und selbst Holz sind für Kinder schwer zu bearbeitende Materialien. Nach kurzer Zeit reicht oft die Kraft nicht mehr aus, um mit einem schweren Hammer sicher den Meißel zu treffen. Das dreidimensionale Gestalten, also das Herstellen figürlicher Objekte, ist aber für Kinder eine wichtige Übung, damit ein räumliches Vorstellungsvermögen entwickelt und gefördert wird. Gips ist, neben Ton, ein gerade für Kinder idealer Werkstoff, da er leicht zu verarbeiten ist und schnell härtet. Dies ist die Voraussetzung dafür, kontinuierlich und ohne lange Wartepausen weiterarbeiten zu können. Günstig ist ein Ort, der unbesorgt verschmutzen darf.

Hinweis: Fragen Sie bei Auslieferfirmen von Arzneimitteln oder bei Klinikapotheken nach, ob sie Bestände von Gipsbinden haben, deren Verfallsdatum abgelaufen ist!

LIEBLINGSSPEISEN, FÜR DIE AUGEN ANGERICHTET

Bevor Sie sich mit den Kindern an größere Vorhaben heranwagen, sollten Sie auf jeden Fall mit kleinformatigen Objekten beginnen.

Jedes Kind erhält einen Pappteller. Nachdem die Wahl der Lieblingsspeise getroffen ist, werden die Einzelteile aus Zeitungspapier grob geknüllt, dann mit Alufolie umwickelt und in die endgültige Form gebracht. Dadurch kann das Papier präziser geformt und zusammengehalten werden und der nasse Gips weicht das Papier nicht auf. Am günstigsten ist die Arbeit mit Gipsbinden, die in kleine Streifen geschnitten und dann Stück für Stück um den Gegenstand gewickelt werden. Bei Sommertemperaturen bindet der Gips in wenigen Minuten ab und es kann sofort an den ornamentalen Zugaben weitergearbeitet werden.

Material: Pappe, Alufolie, Hasendraht, Pappteller, 1 altes Tisch- oder Betttuch, Zeitungspapier, Gipsbinden, Modelliergips, Drahtscheren, Schüsseln, Wasser

Bei einem Apfel wird erst die runde Grundform, mit einer kleinen Einbuchtung oben, hergestellt und dann ein- bis zweimal mit einer Schicht Gipsbinde eingehüllt. Anschließend werden einige „Blätter" aus Karton ausgeschnitten, lebensecht zurechtgebogen und an dem Apfel festgegipst. Ebenso wird der Stängel aus einem Stück Zeitungspapier gerollt und angegipst. Spagetti und Ähnliches werden direkt aus einem Stück Gipsbinde geformt. Die fertigen Speiseteller werden schließlich bemalt und dann auf einem großen Tisch „serviert".

Variante: Es kann auch eine gemeinsame Hochzeitstafel entstehen mit Blumen, Torte, Weingläsern und Geschenkpackungen. Über einen alten Gartentisch kommt ein in Gips getauchtes Tuch, in das sofort ein eleganter Faltenwurf zu zaubern ist. Dafür rührt man in einer großen Wanne Modelliergips mit viel Wasser an, bis der Gips eine breiig-flüssige Soße wird. Mit dem Rest aus der Wanne kann die Fläche noch mal dünn überstrichen werden.

Darauf kommen die Rohformen aus Maschendraht, die dann mit Gipsbinden oder größeren, in Gipsflüssigkeit getauchten Stoffstücken überzogen werden. Zum Schluss wird der festliche Gabentisch gemeinsam bemalt.

NATIONENGALERIE: MENSCHEN AUS ALLER WELT

Etwas aufwändiger ist die Herstellung größerer Figuren. Hierzu brauchen Sie ein Holzgerüst zur Stabilisierung. Um dieses herum wird der Körper aus Maschendraht (Hasendraht) wieder erst in grober Ausführung geformt. Alle Feinheiten wie Hut, Schal, Schmuckstücke, Einkaufstasche oder Spazierstock werden später angefügt, nachdem die Grundform eingegipst ist. Dieses Vorgehen erleichtert den Kindern das Arbeiten, da sie die komplizierten Zusammenhänge nicht alle auf einmal in ihrer Vorstellung klären müssen, sondern nach und nach die gestalterischen Probleme lösen können.

Material: 1 Sack Gips, Gipsbinden, Hasendraht, Drahtscheren, Zeitungspapier, Alufolie, Karton, Spachtel, Plastikwannen, Dachlatten, Hämmer, Nägel

Material: Gips in Säcken, Rupfen, Leinwand oder alte Betttücher, Wannen, Dachlatten, Pappröhren und andere Abfallmaterialien

ELEFANT, GIRAFFE, KROKODIL

Je größer die Figuren werden, desto unrentabler wird die Arbeit mit Gipsbinden. Hier empfiehlt es sich, wieder ausgehend von einem Holzgerüst und einer Form aus Maschendraht zu arbeiten. Für einzelne Körperformen lassen sich alle möglichen Dinge verwenden. Die Beine eines Elefanten zum Beispiel können aus dicken Pappröhren entstehen. Aus einem zerbrochenen Plastiktrichter kann ein Hut werden - der Fantasie sind hier bei der Wiederverwertung von Materialien keine Grenzen gesetzt.

Zum Eingipsen wird diesmal aber Rupfen oder alter Leinenstoff verwendet, der vorher in handliche, aber nicht zu kleine Stücke geschnitten wird. Dann wird in einer größeren Wanne Gips angerührt, der relativ flüssig bis wässrig sein darf. Ein konkretes Mischungsverhältnis brauchen Sie nicht zu beachten; Sie gießen Wasser nach und rühren solange, bis Sie einen dünnflüssigen, breiigen Zustand erreicht haben. Da hinein werden die Stoffstücke getaucht und nun über die Form gelegt und gut angestrichen. Zwei bis drei Lagen sollten es sein, abhängig von der Größe des Objekts. Der Gipsrest aus der Wanne wird anschließend über die Figur gestrichen, lieber zu viel als zu wenig. Nach dem Austrocknen wird der Gips mit grobem und feinem Schmirgelpapier behandelt, bis er schön glatt ist.

Ein Krokodil, das am Isarstrand liegt, wird schnell zum Spielobjekt für die Kinder. Ist der Gips einmal gehärtet, braucht man keine Angst zu haben, dass er jemals wieder aufweicht, selbst wenn der Schwanz völlig im Wasser liegt.

SO HART WIE STEIN: GANZKÖRPERFIGUREN AUS GIPS

Fast kein Straßen- oder Stadtteilfest findet mehr statt, ohne dass an irgendeiner Ecke Gipsmasken entstehen. Verständlich, wenn Sie dieses Angebot für ausgereizt halten. Aber versuchen Sie doch einmal vollplastische Gipsfiguren mit den Kindern herzustellen. Der Produktionsvorgang erfordert von den Kindern vor allem Mut und Überwindung, aber auch viel Geduld und ist daher für den „Schnelldurchlauf" auf Festen nicht geeignet.

Vollplastische Figuren können direkt auf nackter Haut modelliert werden. Immer aber ist in mehreren Arbeitsschritten vorzugehen: Am besten wird mit dem Oberkörper begonnen, da dies die Kinder am leichtesten aushalten. Sie können zuschauen, was an ihrem Körper passiert und sie können sich dabei unterhalten. Zugleich werden sie mit der Arbeitsweise vertraut und können sich vergewissern, dass sie nicht auf Dauer unter dem Gips verschwinden. Das Eingipsen auf nackter Haut erfolgt mit Gipsbinden. Zunächst wird der entsprechende Körperteil mit Vaseline, Melkfett oder anderer fetthaltiger Krem eingerieben. Dann wird der Oberkörper ganz eingegipst. Nach dem Antrocknen wird der Gipspanzer rechts und links am Körper aufgeschnitten; Brust- und Rückenhälfte werden bis zum völligen Austrocknen beiseite gelegt. Dann werden sie mit Gipsbinden behutsam zusammen gefügt.

An Armen und Beinen reicht ein Schnitt und der Gipsverband kann so weit auseinander gebogen werden, dass er den Arm bzw. das Bein freigibt. Sollen Finger oder Zehen einzeln zu sehen sein, so muss an Händen und Füßen die Ober- und Unterseite jeweils getrennt geformt werden. (Wenn Sie mit „Fäustlingen" zufrieden sind, so können Sie wie bei den Armen und Beinen verfahren.)

KINDERKULTURSACHEN MIT EIGENSINN

Material: Vaseline, Melkfett o. Ä., reichlich Gipsbinden, Modelliergips in Säcken, Leinenstoff (alte Bettlaken), alte Kleider, Hosen, Röcke usw., kräftige Schere, Wasser, Schüsseln

Beim Kopf fertigen Sie zuerst das Gesicht bis zum Hals. Danach entsteht der Hinterkopf. Dafür wird eine Bade- bzw. Plastikhaube, wie sie beim Frisör verwendet wird, benutzt. Es ist aber auch möglich, die Gipsbinden auf einen Luftballon, der passend zur Gesichtshälfte aufgeblasen wird, aufzutragen. Nach dem Zusammenfügen des Kopfes können noch die Haar aus Gipsbinden modelliert werden. Vergessen Sie bei aller Aufregung auch nicht die Ohren!

Variante: Sie können den Kindern auch alte Kleider anziehen, die dann mit Gipsbrei eingestrichen werden. Der Gips wird dazu relativ dünnflüssig, aber keinesfalls wässrig angerührt. Zum Auftrennen brauchen sie eine starke Schere. Lassen Sie sich nicht stören, wenn der Gips beim Auftrennen bricht. Diese Bruchstücke werden ebenso wie Oberteil, Hose, Rock oder Kleid, Arme, Füße und Kopf zusammengefügt. Dies geschieht mit kleinen Stücken eines dünnen Leinenstoffs (altes Bettlaken), die in den Gipsbrei getaucht werden. Danach wird die ganze Figur noch einmal mit einer dünnen Gipsmasse überzogen.

Hinweis: Eine sitzende Figur auf einem Stuhl oder auf dem Boden ist leichter im Gleichgewicht zu halten, als eine stehende oder bewegte Figur. Letztere ist allerdings ausdrucksvoller.

WASSERSPIELE: DIE KUNST DES WARTENS

Material: Rohre, Schläuche, Eimer, Wannen, Töpfe, Schüsseln, Lattengerüste, Schnüre ...

In Plastiktüten und Luftballons wird Wasser gefüllt. Sobald man sie ansticht tropft es in einen Wasserbehälter, der einen Schwimmer enthält. Bei genügend hohem Wasserstand löst dieser einen Stöpsel an einer Tonne und das dortige Wasser läuft in perforierte Plastikröhren, aus denen es schließlich in dünnen Strahlen zu Boden regnet. Bei hoch stehender Sonne können sogar kleine Regenbogen entstehen...

Die Versuchsanordnungen können mit den Kindern relativ beliebig erfunden werden und sind meist auch leicht herzustellen. Spannend ist dabei mehr die tüftelnde Vorbereitung als das Ereignis selbst, das oft so schnell abläuft, dass Auge und Verstehen kaum folgen können. Der beschriebene Aufbau erfordert allerdings eher eine kontemplative Geduld, um das Ereignis Tropfen für Tropfen abzuwarten.

"DIE NATUR RÄCHT SICH BITTERLICH": STILLLEBEN AUS OBST UND GEMÜSE

Aufgrund eines Konzeptvorschlags älterer Kinder und ausgelöst durch vorangegangene Diskussionen beim Kochen einer Gemüsesuppe am offenen Feuer, wird eine „Kunst- und Wunderkammer" eingerichtet. Darin soll ein gestaltetes Arrangement aus Gemüse und Obst in der Art alter Stillleben ausgestellt und sich selbst überlassen werden. Es soll Nachdenken und Diskussionen darüber auslösen, dass, wie Zeitungsberichte dokumentieren, zur gleichen Zeit tonnenweise Früchte, Tomaten und Weintrauben ins Meer geschüttet werden.

Durch eingebaute, aber verschlossene Fenster können Kinder und Erwachsene den Veränderungs- und Fäulnisprozessen die ganze Aktionszeit über zusehen. Als Sinnbild für die Rache der Natur werden kleine, stürzende Menschen aus Gips gebaut, die kunstvoll aufgehängt über dem Frucht-Gemüse-Arrangement von der Decke herabstürzen. Eine Figur wird bereits kopfüber in das Gemüse gesteckt. Damit ist die Arbeit der Kinder beendet, den Rest besorgt von nun an die Natur selbst.

Die ersten Tage tut sich überhaupt nichts, die Zeit steht still und die Natur scheint keine Eile zu haben. Nach knapp einer Woche zeigen sich erste Spuren brauner Flecken, die Haut der Früchte bekommt Falten, das Gemüse welkt und wird gelb und bräunlich. Kurz darauf bilden sich zarte Pilzgewächse auf dem Obst, die in den nächsten Tagen einen Teil des Obstberges wie einen Schleier überziehen. Das Gemüse fällt in sich zusammen, die Karotten werden schwarz, die blauen Pflaumen sind inzwischen nahezu weiß und der Fäulnisprozess zersetzt allmählich das Obst...

Vor den Fenstern stehen immer wieder Kinder wie Erwachsene und schauen eher staunend und nachdenklich den langsamen Veränderungen zu. Es gibt keine großen Diskussionen und auch keine Empörung, wie es anfänglich befürchtet wird. Es scheint in seiner schlichten Ernsthaftigkeit als Mahnmal gegen menschliche Verschwendung einleuchtend und eindringlich zugleich zu sein.

WENN VIELE GEMEINSAM DAS GLEICHE TUN

Fantasietätigkeit mit sozialer Dimension

Eines der zentralen Anliegen einer neuen Kulturpädagogik muss es sein, ihre „Lerngegenstände" bzw. inhaltlichen Angebote wieder mit den Alltagserfahrungen der Kinder zu verknüpfen. Der Alltag ist zugleich die Lebenswelt der Kinder und jeden Versuch, diese Lebenswelt von ihrem Lernverhalten abzugrenzen, bestrafen sie auf Dauer mit gelangweiltem Desinteresse oder Lernverweigerung. Diesem Dilemma entgehen Kindergarten und außerschulische Kulturarbeit. Im ersten Falle reicht den Kindern ihre begrenzte Öffentlichkeit für die Aneignung von Basiskompetenzen noch aus; im zweiten Fall gibt es den autoritären Zwangsmechanismus der Lernsituation nicht. Um den Preis, an einem spannenden Projekt nicht teilnehmen zu können, kann sich das Kind auch anders entscheiden. Es ist dieses Moment der freiwilligen Entscheidung für etwas, das alles erträglicher macht, auch wenn es sich um nichts handelt, das nicht auch in der Schule passiert. Hinzu kommt die im Prinzip offene Gruppe, die sich durch eigenes autonomes Handeln nach Alter, Geschlecht, Entwicklungsstand mischt und die Möglichkeit die Arbeitsprozesse prinzipiell mitgestalten zu können.

Die Alltagserfahrungen der einzelnen Kinder gehen unzensiert ein in den Umgang mit den anderen beteiligten Kindern, erwachsenen BetreuerInnen und KünstlerInnen, zwischen denen gewählt werden kann, und den zur Auswahl gestellten Projektangeboten. Es ist immer wieder zu beobachten, dass Kinder ankommen und zunächst gar nichts wollen; erst nach einer Zeit distanzierter Beobachtung lassen sie sich unerwartet doch auf etwas ein. Dabei ist es nicht irgendein Angebot, das sie plötzlich so aufregend finden, sondern es ist weitgehend die Chance zur zunächst unverbindlichen, unreglementierten Teilnahme an sozialen und kommunikativen Kontakten und Prozessen, die sich über die Medien künstlerischer Produktion und ästhetischer Ausdrucksformen vermitteln. Insofern ist es auch bedeutsam, dass Möglichkeiten individueller und gruppenorientierter Tätigkeiten alternativ angeboten werden und verschiedene Annäherungsweisen zulassen.

Fantasie als Funktion der individuellen Person entfaltet sich ausschließlich im Medium der Gruppe zu einer weiter tragenden Gestaltungskraft, die als sinnstiftend erst in den Beziehungen zu anderen erfahren werden kann. In Formen von Anerkennung oder Ablehnung, ernsthafter Auseinandersetzung oder Ignoranz, Bewunderung oder Kritik kann die eigene Tätigkeit und ihr Wert eingeschätzt werden; der objektive Wert bleibt unerheblich, wenn die Umwelt nicht bereit oder fähig ist, ihn zu würdigen. Hier gilt es, den Kindern durch produktive Auseinandersetzung Selbstvertrauen zu vermitteln.

Angesichts der total veränderten Wahrnehmungswelten der Kinder durch die Überbilderung ihres Alltagslebens, in dem sie nur mehr „Surfer" in zugerichteten, parzellierten Erlebniswelten sind, ist dies eine grundlegende pädagogische Aufgabe. Diese Teilwelten lassen in ihrer Perfektion keine authentischen sozialen und Selbst-Erfahrungen mehr zu, da ein Individuum mit ästhetischem Eigensinn, das heißt eigener Wahrnehmungsfähigkeit, darin nur ein Störfaktor wäre. Dagegen etwas zu setzen, das ernsthaft die Entwicklung einer eigenen kulturellen Identität möglich macht, ist schwierig; es kann nur dadurch gelingen, dass situative Anlässe für die gegenständliche Auseinandersetzung mit sozialer Wirklichkeit geschaffen werden, um so wieder den Zusammenhang mit der eigenen Alltagserfahrung herzustellen.

GROßE UND KLEINE OBJEKTE AUS PAPPMASCHEE

HAND, NASE, OHR: TAST-, RIECH-, HÖRKÄSTEN

Auf große Kartons werden Hand oder Nase, Mund oder Ohr mit dünnem Maschendraht als Grundform angebracht. Darüber kommen mehrere Lagen Zeitungspapier, in kleine Schnipsel zerrissen und mit Tapetenkleister eingestrichen. Nach dem Trocknen erfolgt die Bemalung. Diese Arbeit ist eine gute Vorübung für größere Figuren und Objekte, weil dabei die Technik an einfachen Formen demonstriert werden kann. Die Tast-, Fühl-, Hör- und Riechkästen, durch diese einfachen Symbole kenntlich gemacht, stehen im Spielraum herum und regen die Kinder an, einmal nachzu"schauen", was sich für Überraschungen darin verbergen. Spannend daran ist, dass die Kinder ihre hergestellten Sachen in einem Spielzusammenhang erleben, der ihre Objekte aus der belanglos-beliebigen Produktion erlöst. Es lassen sich sicher auch noch viele andere Verwendungsmöglichkeiten für die Kästen finden.

Material: Kartons in verschiedenen Größen, Hasendraht, Zeitungspapier, Tapetenkleister, Farben, Pinsel, Eimer, Capaplex oder Klarlack

DER WUNSCHBAUM

Die Idee mit dem Wunschbaum stammt aus südlichen Ländern, wo die Menschen an besonderen Orten alle möglichen Dinge in einen Baum hängen und dann hoffen, dass ihre damit verbundenen Wünsche in Erfüllung gehen. Ähnliches wird den Kindern auch erzählt; schließlich ist es nicht einzusehen, dass ein solcher Wunschbaum nicht auch in München stehen könnte. Und siehe da, übers Jahr erzählen die Kinder, dass ihr Wunsch von damals tatsächlich erfüllt worden ist.

Zunächst müssen die Kinder überlegen, was sie sich denn überhaupt noch wünschen. Die Rohform dieses Objekts wird dann aus Maschendraht oder Zeitungspapier vollplastisch gestaltet. Zeitungspapier wird hierzu in einer Grobform geknüllt; mit Alufolie umwickelt können dann die Feinheiten der Form leicht modelliert werden. Die weitere Arbeitsweise entspricht der mit Gips, nur dass diesmal zum Kaschieren Zeitungspapier oder dünnes Packpapier und Kleister verwendet werden.

Material: Hasendraht oder Alufolie, Zeitungspapier, Farben, Pinsel, Kleister, Eimer, evtl. Capaplex oder Klarlack

Dazu reißt man vorher Zeitungen (keine Illustrierten) oder das Packpapier in kleine Stücke. Diese werden dann einseitig mit ebenfalls vorher angerührtem Tapetenkleister eingestrichen und dann immer überlappend über die Form geklebt. Zweimal sollte das Objekt ganz überzogen werden. In der Sonne trocknen die fertigen und nassen Gegenstände in einigen Stunden, je nach Größe des Objekts und Menge des verwendeten Kleisters. Bei feuchter Witterung und ohne Sonne sollte diese Technik nicht verwendet werden.

Nach dem Trocknen werden die Sachen hart und stabil und haben zugleich den Vorteil, dass sie nahezu unverwüstlich, auf jeden Fall aber unzerbrechlich sind und im Gegensatz zu den Gipsobjekten auch noch leicht. Sie können später mit wasserfester Dispersionsfarbe bemalt und ggf. noch klar lackiert werden. Schließlich werden die „Wünsche" in einen Baum gehängt und dort baumeln dann die Katze, die Jeanshose, der Fernseher, das Segelschiff, das Brüderlein oder die Gitarre im Wind und warten als Wünsche darauf in Erfüllung zu gehen...

KLEINE DINGE AUS LEICHTEM STOFF: FIGUREN AUS STYROPOR

Das Innenleben der Figuren besteht aus Styropor, gesammelt bei allen Gelegenheiten und in allen Formen - nahezu alles ist verwertbar. Für größere Arbeiten empfiehlt es sich, einige dünngeschnittene Styroporplatten zu kaufen, die sich besonders für kleinere Kinder eignen, um damit erste figürliche Geschöpfe zu erfinden: etwa einen Fisch, einen Schmetterling, oder einen Fußballspieler.

Material: Styropor aus Verpackungen, 1 - 2 cm starke Styroporplatten (Baumarkt), Styroporkleber, Schaschlikstäbchen und Zahnstocher aus Holz, Teppich- und/oder Schnitzmesser, Filzstifte, Kleister, Eimer, Pinsel, Farben, evtl. Capaplex oder Klarlack

Hinweis: Styropor bröselt und der Platz ist nur mühsam wieder sauber zu machen.

Die Figur wird mit einem dicken Filzstift in Umrissen auf die Styroporplatte gezeichnet. Dann wird sie mit einem Teppichmesser ausgeschnitten. Die Rohform wird mit einem Schaschlikspieß auf ein weiteres Styroporstück als Ständer gesteckt. In ähnlicher Weise lassen sich

WENN VIELE GEMEINSAM DAS GLEICHE TUN

auch Arme und Füße oder die Ohren eines Elefanten seitlich anbringen, wodurch sich die plastische Wirkung erhöht.

Die Figur wird zweimal mit Papier und Kleister vollständig kaschiert. Bedrucktes Zeitungspapier wird zuerst mit weißer Dispersionsfarbe grundiert und kann dann bemalt werden.

In ähnlicher Weise entstehen auch vollplastische Figuren, die aus einem kleinen oder größeren Styroporblock herausgeschnitzt werden, möglichst in holzschnittartigen, vereinfachenden Formen. Ihre Wirkung und naive Schönheit erhalten sie später durch die Farbgebung. Auf diese Art können auch ganze Städte und Burganlagen gebaut werden, die erstaunlich stabil und strapazierfähig sind und sogar einigermaßen wasserfest, wenn die Papierteile nach dem Bemalen noch mit Capaplex behandelt werden.

VIELE HÄNDE SCHAFFEN GROBES

Ein überdimensional großer Kopf oder Fuß braucht einen stabilen Unterbau. Dieser wird aus Dachlatten hergestellt. Damit der Maschendraht später, wenn das schwere, nasse Packpapier darüber kommt, nicht einknickt, muss die Form mit einem dicken, gerade noch zu biegenden Draht, unterstützt werden. Dieser wird an den Dachlatten festgenagelt. Darüber kommt nun der Maschendraht. Und dann beginnt die langwierige Arbeit des Beklebens mit Pack-

Material: Hasendraht, stabiler Draht, (Dach-)Latten, Makulaturpapier (gibt es als Restrollen bei Zeitungsdruckereien) und/oder Packpapier, Kleister, Pinsel, Farben, evtl. Capaplex oder Klarlack

papier und Kleister, wobei die erste Schicht durch den Maschendraht hindurch mit sich selbst verklebt wird. Mit vielen Kindern, die sich immer wieder abwechseln können, ist es durchaus realisierbar. Aber bei der ersten Schicht müssen Sie unbedingt dabeibleiben, da diese sauber verarbeitet sein muss, damit sie sich nicht irgendwo wieder ablöst. Bis man um einen Kopf herum gearbeitet hat, ist er am anderen Ende meist schon trocken und dort kann dann gleich weitergearbeitet werden. Auf keinen Fall soll nass auf nass gearbeitet werden, da sonst

das Gewicht zu schwer wird.

Bei großen Objekten lohnt sich auf jeden Fall die Arbeit mit Packpapier, da mit Zeitungspapier viel mehr Lagen gebraucht werden, um die gleiche Festigkeit wie bei zwei, maximal drei Packpapierschichten zu erreichen. Nach dem Trocknen können die Objekte bemalt werden. Will man sie im Außenbereich verwenden, lohnt sich ein nachträglicher Schutzüberzug mit Capaplex (farbloser Tiefgrund). Dann kann auch ein kleiner Regenguss dem Werk nichts anhaben.

LEBEN WIE IN FRÜHEREN ZEITEN: FORMEN AUS LEHM

Eine Lehmhütte ist nicht so schnell gebaut, wie sich das die meisten Kinder zunächst vorstellen: Es braucht ein Grundgerüst aus dünnen Holzstämmen, das dann mit Strohmatten bespannt wird. Als Nächstes muss der Lehm mit Häcksel vermischt wird (zwei Hände Häcksel auf etwa zehn Schaufeln Lehm), damit er Sonne und starken Regengüssen standhält und nicht so schnell große und weite Risse erhält. Dies geschieht in einer Erdmulde oder einer alten Duschwanne mit Hilfe der Füße. Dieses Stroh-Lehm-Gemisch wird nun dick und sorgfältig auf die Strohmatten aufgestrichen. Haben Sie die Strohmatten innen an den Holzstämmen befestigt, so können Sie das Grundgerüst außen wie bei einem Fachwerkhaus sichtbar lassen. Für diese Arbeit braucht es viele Kinderhände, zumal es auch noch Bänke, Stühle, Briefkasten rund um das Haus braucht. Bei der Bemessung einer Bank sollten Sie die Eingangstür im Auge haben, sonst kann es passie-

Material: Lehm, Wasser, 1 alte Duschwanne, Häcksel, Strohmatten, Draht

ren, dass sie zum Schluss nicht in das Haus gebracht werden kann. Die weitere Ausschmückung der Häuser oder Hütten können Sie getrost den Kinderfantasien überlassen.

BABYLONISCHE KARTONBAUTEN

Mit Kartons und Schachteln aller Art und Größe lassen sich leicht große, geometrische Gebilde herstellen, deren architektonische Bauweise auf viele Kinder faszinierend wirkt, vor allem sobald angefangen wird, diese farbig zu gestalten. Es lohnt sich, beim Schichten und Bauen darauf zu achten, dass durch verschiedene Durchgänge und Schlupfmöglichkeiten ein labyrinthartiger Charakter entsteht. Dunkle Kriechtunnel und helle, offene Innenräume ergeben sich meist wie von selbst, aber Sie können sich natürlich auch einen Plan machen oder von den Kindern entwerfen lassen.

Material: Kartons in allen Variationen (bei Kauf- und Möbelhäusern), viele Rollen Paketklebeband, Teppichmesser zum Einschneiden von Fenstern und Türen, Holzlatten zum Befestigen der „Fundamentkartons", Schnur, Pinsel und viele Eimer Dispersionsfarbe

Dadurch wird die Kartonstadt, solange sie steht, auch zu einem ständig benutzten Spielobjekt. Es geht aber auch umgekehrt, indem zunächst jedes Kind sein eigenes Kartonhaus baut und bemalt und alle zusammen dann an einem bestimmten Tag zu einer kleinen Stadt zusammengestellt werden. Die sich anbietenden Spielanlässe sind vielfältig und reichen bis zur Inszenierung einer Spielstadt mit HandwerkerInnen, BürgermeisterIn und Müllabfuhr.

"FÜNF AUF EINEN STREICH": MALEN IN GRUPPEN

In der Regel setzt sich beim Malen ein einzelnes Kind mit seiner Malfläche auseinander. Das hat auch Sinn und Berechtigung. Spannender und risikoreicher wird es, wenn mehrere Kinder gemeinsam ein Bild gestalten.

Das verlangt zwingend nach großformatigen Malflächen, wobei die Zahl der Kinder deren Größe bestimmt, will man nicht Streit und Scheitern vorprogrammieren. Fünf Kinder pro Team ist nach unseren Erfahrungen eine sinnvolle Größe: In einer solchen Gruppe pendeln sich die Extreme zwischen spontanen DynamikerInnen mit genialen Ideen und soliden HandwerkerInnen, die auch die geduldige Ausformulierung und Fertigstellung im Auge behalten, eher aus.

Die Anlässe können vielfältig sein und variieren zwischen freier Themenstellung und einem präzisen Auftrag. Immer aber wird ein Gruppenprozess ausgelöst, der soziale Kompetenzen erfordert. Der Inhalt, das Vorgehen, die gestalterische Ausführung, die Aufgabenverteilung und andere Probleme müssen gemeinsam entschieden werden.

Es gibt Gruppen, die unendlich lange für eine gemeinsame Entscheidung brauchen, die darum in hitzigen Diskussionen ringen und manchmal auch schon vor dem Anfang scheitern.

Wie auch immer solche Prozesse verlaufen und ausgehen, in ihnen steckt ein Moment sozialen Lernens, das in seiner Bedeutung weit über den vordergründigen Malanlass hinausgeht und sich daraus schon pädagogisch legitimiert. Es ist auch gute künstlerische Tradition der ehemals bedeutsamen Malwerkstätten, in denen einer vom anderen durch gemeinsame Praxis lernte, vom Mallehrling bis zum Meister, der meist nach dem Entwurf erst wieder erschien, um die Glanzlichter auf die Gläser oder Hinterschenkel der Pferde aufzutragen.

Anlässe für gemeinsames Malen kann die Innen- oder Außengestaltung einer Wand liefern, falls sich ein solch geeignetes Objekt finden lässt. Andernfalls müssen Sie erst eine Malwand herstellen.

Vorbereitung:

Es braucht keine teure Künstlerleinwand verwendet werden, sondern es reicht ein einfacher Leinenstoff, den es in Breiten bis zu zwei Metern gibt. Die Rahmen werden aus Holzlatten hergestellt, wobei zu beachten ist, dass bei der Größe Querverstrebungen sowie an den Ecken Versteifungen nötig sind, da sich sonst die Rahmen leicht verdrehen. Der Leinenstoff wird jeweils von der Mitte ausgehend nach außen und zugleich zum gegenüberliegenden Rahmenteil straff mit Hilfe eines Tackers verspannt.

Material: Pinsel, Farben, Dachlatten, Leinwand, Stuhlwinkel u. dgl. Beschläge

RUNDE LUFT AN LANGER LEINE

Fliegende Luftballons üben auf Kinder eine immer wieder überraschende Faszination aus. Sie flattern im Wind über dem Haupt wie eine Fahne, kaum spürbar, wandern überall hin mit. Dass sie himmelwärts ziehen, wenn das Kind sie nicht fest hält, ist ein kleiner Nervenkitzel. Wehe der Ballon ist losgelassen, so verschwindet er erst als farbiger Fleck, dann als immer kleiner werdender Punkt im unendlichen Blau und nimmt die Gedanken mit, wohin er sich denn verlieren oder bei wem er ankommen wird...

Luftballons sind wunderbarerweise auch farbig und so ist die Idee nahe liegend, damit zu spielen. Vor allem können da selbst die kleinen Kinder mitmachen und die Spielmöglichkeiten sind nahezu unbegrenzt. Zwei Holzpflöcke (oder Zeltnägel) werden in beliebiger Distanz in die Erde geschlagen und mit einer festen Schnur lose verbunden. Je länger die Verbindung, desto höher wölbt sich später der Bogen. Die Luftballons müssen natürlich mit Gas gefüllt werden, damit sie steigen. Am günstigsten ist es, die ersten Ballons in der Mitte aufzuhängen, damit sich der Bogen schon einmal andeutet, auch wenn sich zunächst einmal eher ein Dreieck ergibt. Erst Ballon an Ballon, mit einer kleinen Schnur an die lange Leine geknüpft, ergibt zum Schluss einen schönen Bogen.

Viele Bogen übereinander verdichten sich zum Regenbogen oder zu einer bunten, wildwuchernden Farbpalette. Nach den ersten Experimentierversuchen können Kinder auch vorher Pläne und Skizzen machen. Doch hier ist Vorsicht geboten und am besten ist es, den Kindern gleich zu erklären, dass nicht alles möglich ist. Einmal wollten sie einen aufrechtstehenden Bierkrug mit einer Schaumkrone obendrauf fabrizieren, der dann etwas windschief geriet. Die Zugkräfte lassen sich schwer berechnen und selbst bei schwachem Wind gerät alles leicht durcheinander. Es bleibt einem nicht erspart, das selbst auszuprobieren und eigene Erfahrungen zu machen.

Für eckige Konstruktionen brauchen Sie dünne Holzlatten oder Bambusstäbe als Querstreben, die Sie solange am Boden fixieren, bis alle Luftballons daran befestigt sind. Dann lassen Sie sie Stück für Stück nach oben steigen, immer gerade so weit, dass die Kinder noch die Luftballons an den längsseitigen Schnüren befestigen können. Es ist sinnvoll den UrheberInnen des Entwurfs quasi die „Bauleitung" zu übertragen. Die anderen Kinder liefern ihnen die gefüllten Luftballons zu.

Zum Anfang empfiehlt es sich, mit einfachen Figuren am Boden anzufangen: Kreis, Dreieck, Viereck, einfache Farbtupfer, auf der Wiese verteilt, Streifen, Kurven, Labyrinthe. Farbigkeit ergibt sich allemal und ein luftiges Environment dazu.

Zum Abschluss bieten sich Spiele an: Hüpfen, springen, laufen und zu guter Letzt ein Reiterspiel, bei dem es gilt, huckepack mit Speer und sicherer Hand die Luftballons zum Platzen zu bringen. Da die Ballons je nach Qualität erst nach ein bis drei Tagen als Sinnbild der Vergänglichkeit langsam in sich zusammenwelken, können Sie die bunten „Luftmalereien" auch zunächst erhalten.

Material: Luftballons (einfarbig, sortiert), Paketschnur (dick und dünn), lange, dünne Holzlatten oder Bambusstäbe, Zeltnägel, -heringe oder kleine Holzpflöcke, Ballongas, Abfüllventil, nicht zu dünne Schwarzfolie, Folienschweißgerät, Paketklebeband, Staubsauger, Kreide, Scheren

Vorbereitung:

Teuer bei dieser Aktion ist nur das Heliumgas und die Leihmiete für die notwendige Gasabfüllvorrichtung. Ein Knopfdruck und der Luftballon ist gefüllt, denn schnell soll es schon gehen, wenn viele Kinder mitmachen. Die Luftballons gibt es einfarbig in preiswerten Großpackungen. Es gibt kleinformatige und dünne Luftballons, die leicht platzen. Verlangen Sie die Extragroßen.

Variante: Auf eine nicht zu dünne Schwarzfolie wird mit Kreide die Grundform eines Tieres (z. B. eine Kuh oder ein Dinosaurier) gezeichnet und dann in zweifacher Ausfertigung ausgeschnitten. Wird die Folie doppelt gelegt, geht es in einem Vorgang. Nun werden die Schnittkanten mit einem Folienschweißgerät sorgfältig zusammengefügt. Zur Not geht es auch mit Paketklebeband, aber es darf dabei keinesfalls Löcher in der „Naht" geben, da sonst die Luft immer wieder entweichen kann. An einer schmalen Stelle (am Horn bei einer Kuh, an der Schwanzspitze beim Dinosaurier) bleibt die Folienfigur geöffnet. Hier hinein wird nun ein alter Staubsauger verkehrt herum gesteckt, damit die ausströmende Luft den „Foliensack" aufbläst. Langsam und allmählich erhebt sich das schlaff herumliegende Folientier zu stattlicher Größe und kann als Spielgerät eingesetzt werden. Vergessen sie nicht das „Luftloch" zu verschließen. Bei starkem Sonnenschein sollte das Tier an einer Schnur und einem Erdnagel fest gebunden werden, denn es könnte sich sonst Überraschendes ereignen.

DER SCHNEE VON GESTERN IN DEN FLÜSSEN VON HEUTE

Kunstwerke bewahren Geschichte und Alltag

Zum Abschluss dieses Buches noch ein paar Worte zum ungenierten Umgang mit den Kunstwerken: Manchen KunstliebhaberInnen mag dies ein Dorn im Auge sein, obwohl die Aufhebung der Trennung von Kunst und Lebensalltag längst eine Tatsache ist. Verursacht wird dies durch eine alles durchdringende Reklamewelt, die die Kunst ausbeutet und trivialisiert wie nie zuvor und die soziale wie kulturelle Rolle der KünstlerInnen selbst ins Abseits drängt. Die einen machen aus Profitinteressen die Kunst zur modernen Lebenskultur und die anderen aus politisch-ästhetischer Verantwortung und in Anerkennung gesellschaftlicher Realitäten das Alltägliche zur Kunst. Warhol und Beuys sind dafür die besten Zeugen und Vollender einer langen Kunstentwicklung, die mit Tomatenbüchse, Fett und Eisenbett den Alltag endgültig zum modernen ästhetischen Projekt machen, indem sie den Objekten und Lebenswelten der Menschen Bedeutungen zuweisen, die über ihre triviale Existenz hinausweisen.

Die Jugendkulturen setzen dies auf ihre Weise und mit ihren Mitteln in Mode, Musik, Habitus konsequent fort und so, um es nur an einem Beispiel zu verdeutlichen, prangen ihre zuerst unverstandenen und verfolgten Graffittibilder immer noch an öffentlichen Mauern und zugleich hochkulturell geadelt in Museen. Die Demokratisierung der Kunst, deren Autonomieverlust manche bedauern mögen, macht den Blick wieder frei dafür, dass jedes Alltagshandeln auch eine ästhetische Dimension einschließt. Der Umgang mit dem Alltag bedarf ähnlicher Entschlüsselungsprozesse wie ein Kunstwerk, wobei die erste Sinnschicht noch durch das Sehen zu erfassen ist, die nächsten Schichten sich aber nur durch Kenntnisse, Erfahrungen, Interpretations- und Deutungsfähigkeiten erschließen. Den äußerlichen Bildern des Alltags sind die Bedeutungen der Tiefenschicht nicht anzusehen, sondern diese sind durch geeignete Methoden für Kinder zu entschlüsseln, ein ständiges Projekt der Aufklärung von dem Augenblick an, da sie sich am Alltagsleben beteiligen. Ein Mittel dieser Aufklärung sind Kunstwerke ebenso wie andere gesellschaftliche Dinge, in denen sich Geschichte(n) und Alltagswirklichkeit(en) materialisiert wieder finden. Natürlich müssen sie herausgelöst werden aus den formalen und künstlerischen Gestaltungsformen und Überhöhungen, ihrem Eigensinn, der sie gerade zum Kunstwerk macht.

Dafür gibt es traditionell das methodische Verfahren der Bild- und Kunstbetrachtung, das aber in der Regel nicht sehr fruchtbar ist. Den Kindern fehlen die adäquaten Lebenserfahrungen zur Dekodierung der Bildinhalte. Dasselbe Problem gilt verstärkt beim wahllosen Bilderkonsum der Fernsehwelt, bei dem aber sowieso nicht das Verstehen der Inhalte im Vordergrund steht, sondern zum einen die Abwehr der Alltagslangeweile und zum andern der Wunsch nach Teilhabe an der Erwachsenenwelt, die scheinbar darin mehr abgebildet ist als in Kunstwerken. Diese bieten auch nicht die gleichzeitig umstandslos mitgelieferte Unterhaltung, Zerstreuung und Information. Die veränderten Sehgewohnheiten taugen nicht mehr für den erkennenden Blick auf das im Kunstwerk Verborgene, dessen Entschlüsselung eine anstrengende Auseinandersetzung verlangt, um die tieferen Informationsgehalte bezüglich menschlicher Lebenserfahrung zu erkennen.

Um Kunstwerke tatsächlich im Rahmen von Erziehung als genussvolle Informationsquelle wieder fruchtbar zu machen, braucht es neue fantasievolle Methoden. Sie müssen als Erlebniswelt inszeniert werden. Dabei werden ihre Inhalte in Spiel- und Handlungsmöglichkeiten aufgelöst, um einen entsprechenden Unterhaltungs- und Informationswert zu bieten. Warum auch nicht? Denn die massenmediale Konkurrenz nur als Dilemma zu beklagen ist pädagogisch obsolet. Sie ist eine Realität, die durch die aktuelle Erwachsenenkultur geschaffen wird. Sich dieser Aufgabe und Herausforderung aus verletzter Eitelkeit und überholtem Kulturdünkel nicht zu stellen, ist das eigentliche Versagen heutiger Pädagogik.

Anders als die Pädagogik, die das in ihren Anfängen vielleicht versucht hat, zeugen Kunstwerke von der verzweifelten Hoffnung und ständigen Anstrengung, mit ihren Mitteln die Wirklichkeit durch Aufklärung, Vermittlung von Einsicht und Aufrütteln der Seelen und des Verstandes zu verändern. Die Bilder von Goya, Picasso, Dix oder anderen unbekannten Murales-Wandmalern der Dritten Welt zeigen ihren Protest und lassen eine bessere Welt zumindest möglich erscheinen.

Die Kunst bzw. - präziser - die KünstlerInnen sind immer aufmerksame BeobachterInnen des gesellschaftlichen Lebens ihrer Zeit sowie des sozialen wie technischen Wandels und sie reagieren darauf in ihrer Praxis, indem sie Sichtweisen eröffnen, die

seismografisch zukünftige Wahrnehmungsänderungen voraus-
nehmen. Sie tun dies auch um den Preis der Missachtung und
des Unverständnisses.

Dabei bedienen sie sich nicht nur heroisch-augenfälliger Bildzi-
tate; oftmals formulieren sie ihre kritischen Erkenntnisse in Bildern, die sich nur durch Zeitwissen oder durch Zusatzinforma-
tionen erschließen. Auf diese Weise erhalten wir Kunde von All-
tags- und Lebenswirklichkeiten auch aus früheren Zeiten noch
einmal anders als aus literarischen oder schriftlichen Zeugnissen.
Kunstwerke liefern über das Sehen Erklärungsmuster, die bild-
lich-konkret für die Wahrnehmung von dieser Welt historische
Bezüge herstellen.

Die Möglichkeiten der Auseinandersetzung mit Kunstwerken,
jenseits einseitig abstrakt-intellektueller Beschäftigung, müssten
so inszeniert werden, dass die Kinder spielende Akteure der Inhalte exemplarisch ausgewählter Kunstwerke werden. Dabei
werden diese aus der Eindimensionalität der bloßen Betrachtung
erlöst und in eine erlebbare, mit aktuellen Tätigkeiten verbunde-
ne Erzähldimension transformiert. Die ergiebigste, aber auch
schwierigste Variante wäre es, Kindern die Produktionswege der
KünstlerInnen zu eröffnen, die den Erkenntniswegen der Kinder
sehr ähnlich sind: über die Wahrnehmung der Welt sich diese
durch fantasievollen Umgang anzueignen, auch wenn sie sie
nicht verändern können.

DAS LEBENDE KUNSTWERK: DER MALER PIETER BRUEGHEL UND SEINE ZEIT

Eine große Reproduktion des Bildes *Bauernhochzeit* von Pieter Brueghel d.J. steht im Mittelpunkt des Spielraums; die Szenerie des Bildes erweitert sich von da aus in den Raum mit einem Badehaus, einer offenen Feuerstelle zum Kochen und natürlich einer großen, festlich geschmückten Tafel, an der später alle Kinder anlässlich der Hochzeit zum Essen und Trinken eingeladen sind.

Das Bild zeigt eine ausgelassene Runde tanzender Bauern. Weit im Hintergrund sitzt die Braut am Tisch, erkenntlich an einer kleinen Krone, Musikanten spielen auf und einige Leute sitzen ebenfalls an Tischen, essen und unterhalten sich. Diese Szene könnte sich überall so abspielen und nur an der Kleidung, vor allem den weißen Kopftüchern, können die BetrachterInnen in etwa erraten, dass sie irgendwo in den Niederlanden gemalt worden ist. Die vielen roten Teile der Kleidung beruhen wohl auf künstlerischen Erwägungen des Malers und weniger auf der Realität: Sie steigern die Dynamik des Tanzes und des Festes.

Die bäuerliche Welt ist zwar nicht zu sehen, aber sie wird erkenntlich an den Menschen, ihren Gesichtern und der Bescheidenheit der Hochzeitsausstattung. So viel wird zumindest klar. Die Zeit ist schwer zu schätzen, außer die Lebensdaten des Malers sind bekannt, aber mit spätem Mittelalter bis beginnende Neuzeit liegt man immer ein bisschen richtig. Über die Tatsache, dass zu jener Zeit für die spanische Krone der strenge, kaltherzige Herzog Alba die Statthalterschaft in den Niederlanden innehat, muss informiert werden. Dieser unterdrückt mit grausamer Härte alle Bestrebungen nach Unabhängigkeit und Freiheit. Die Künstler, die diese Bewegung unterstützen, verbergen ihre

Freiheitskämpfer in biblischen Szenen, in denen ein Prediger zum Volk spricht wie Jesus. Aber alle wissen insgeheim, was damit gemeint und dargestellt ist.

Die für die damalige Zeit ungewöhnliche Darstellung des Volkes bei einem seiner Feste, sollte seine Identität und sein Selbstbewusstsein entfachen und stärken. Es so zu malen ist schon eine revolutionäre Neuerung, denn sicher hat der Maler keinen Auftrag, sondern das Kunstwerk entsteht aus eigener Entscheidung. Auf diese Weise wird uns aus jener Zeit ein Bild überliefert, das Aufschlüsse zulässt über das Leben der bäuerlichen Gesellschaft damals und das Neugierde weckt, mehr darüber zu erfahren und zu wissen.

Der Spielraum bietet dazu mehrere Möglichkeiten: Der Maler Brueghel ist selbst anwesend und kann Auskunft geben über seine Zeit, Arbeit und Lebensumstände, ebenso wie andere BetreuerInnen, die in bild-identischen Kostümen als MusikantInnen, Köche oder HandwerkerInnen anwesend sind und mit den Kindern gemeinsam die Hochzeit vorbereiten. Daneben gibt es einen Moritatenerzähler, der aus der Geschichte jener Zeit berichtet und dann noch theatralisch inszenierte Spielhandlungen: Da tritt z. B. Herzog Alba mit einer Eskorte auf und verdächtigt die Hochzeitsgesellschaft, in Wirklichkeit zu einer Verschwörung zusammen gekommen zu sein.

Das Grundgerüst der Spielinszenierung bilden aber die vielfältigen Vorbereitungen für die Hochzeit: In den Werkstätten werden Weidenkörbe geflochten, aus Ton Geschirr getöpfert, Musikinstrumente hergestellt, Papierblumen und Girlanden werden gebastelt und alle Kinder können sich Weidenpfeifchen schnitzen. Im Badehaus können sie sich waschen und für die Hochzeit herrichten lassen. In der Küche werden Gemüsesuppe mit Hühnchen und verschiedene Süßspeisen vorbereitet, die dann zum Schluss für alle beteiligten Gäste auf der Hochzeitstafel serviert werden.

Natürlich fällt den Kindern etwas auf: die ähnlichen Kleider, als wären die BetreuerInnen aus dem Bild entsprungen, das gleiche Arrangement einer Hochzeitsfeier und dass hier wie dort Musikanten anwesend sind. Sie fangen an Fragen zum Bild zu stellen: Wer hat es gemalt und warum? Wieso hat er es so und nicht anders gemalt? Warum hat er gerade eine Hochzeit gewählt? Was gab es damals wirklich bei einem solchen Anlass zu essen? Verschiedene Personen können ihnen jeweils ihrer Rolle gemäß Antworten geben oder verweisen bei einer speziellen Frage die Kinder weiter an den Künstler selbst.

Mehr geschieht nicht rund um das „lebende Kunstwerk" und am Abend gehen alle mit ihren Körbchen, ihrer selbst gemachten Schokoladenbraut oder ihrer Pfeife nach Hause und zeigen vielleicht ihren Eltern das Portrait, das der Meister von ihnen zeichnete oder erklären ihnen, wer dieser schon lange gestorbene Maler Pieter Brueghel war.

Variante: Das Prinzip ist sicher leicht zu durchschauen und es eignen sich viele Kunstwerke für eine spannende und lohnenswerte Entdeckungsreise mit Kindern, so z. B. eines von Gauguin aus Tahiti. Dabei würde es um die Entdeckung fremder Welten und Kulturen gehen und im Speziellen um Lebensalltag, Bräuche und Mythen der Eingeborenen auf dieser Insel, die durch die zwar späte, aber nachhaltige Kolonisation durch die Europäer grundlegend verändert wurden.

Ähnlich kann auch mit dem *Fahrradausflug* von Fernand Leger verfahren werden, der als Anlass dienen könnte über Verkehrsmittel im Einzelnen und Verkehrspolitik im Besonderen mit Kindern gemeinsam nachzudenken.

Vorbereitung:

Es ist gar nicht schwierig, entsprechende Spielanlässe selber zu entwerfen. Nach der Auswahl eines Bildes wird davon eine Großkopie hergestellt. Diese wird das deutlich sichtbare Zentrum der Aktion. (Umriss des Kunstwerkes auf Folie zeichnen, mit einem Overheadprojektor auf eine große Leinwand übertragen und ausmalen!) Ausgehend vom Bildmotiv wird die Inszenierung geplant und über mögliche Werkstätten entschieden. Informationen über den Künstler, seine Zeit, historische Daten und Geschichten, die sich für Moritaten oder Erzählung eignen, müssen gesammelt werden. Desweiteren sind Kostüme zu nähen, Requisiten und Anschauungsmaterial zusammenzutragen sowie Spiele auszuwählen, die in einem Bezug zum Kunstwerk stehen oder vielleicht daraus resultieren.

EINEM KUNSTFÄLSCHER AUF DER SPUR: KANDINSKY, EIN REVOLUTIONÄR MIT DEM PINSEL

Das Kunstfälscherspiel, veranstaltet in Schwabing zu München im Rahmen des Projekts „Kinder lernen ihren Stadtteil kennen", führt die Kinder durch den gesamten Stadtteil an verschiedene Spielstätten, die zum Teil authentische Orte sind, an denen sich der Maler Kandinsky zu seiner Zeit aufhielt. An diesen Orten finden die SpielerInnen Personen als Kommissar, Galeristin, Kunstwissenschaftler, Malermodell und schließlich als Kunstfälscher, den es zu finden und zu entlarven gilt.

Start ist in der Wohnung Kandinskys in der Ainmillerstraße. Dort treffen die Kinder einen Kommissar, der einem Kunstfälscher auf der Spur ist und dem die Kinder helfen sollen. Ein Dienstmädchen serviert gerade das Frühstück, an dem die Kinder sich beteiligen dürfen. Dabei erklärt ihnen der Kommissar den gesamten Fall und was er schon alles herausgefunden hat. Dazu erhalten die Kinder einen Spielbogen, der noch einmal alle Fakten und die Fragen, die zu lösen sind, auflistet. In einem Stadtteilplan sind die Straßen eingezeichnet, an denen die Spielorte zu suchen und zu finden sind.

Natürlich durchschauen die Kinder sofort den Spielcharakter, aber auf kriminalistische Geschichten lassen sie sich gerne ein. Um den Fall lösen zu können, schauen sie sich sogar Kunstwerke genauer an, denn immerhin müssen sie später das Original von der Fälschung unterscheiden können. Bei dem gefälschten Bild handelt es sich um eines, auf dem Kandinsky seine Wohnung im expressionistischem Stil, aber deutlich erkennbar, dargestellt hat. Dieses zeigt der Kommissar natürlich den Kindern. Daneben stehen noch Bilder Kandinskys aus seiner späteren, abstrakten Malphase. Auf Nachfrage der Kinder, ob diese vom selben Maler seien, erfahren sie die schöne, wenn vielleicht auch nicht wahre Geschichte, wie Kandinsky zur abstrakten Malerei gekommen sein soll:

Eines Morgens betrat Kandinsky sein Atelierzimmer und sah sein zuletzt gemaltes, noch frisches Ölbild, aufgelöst in lauter Sonnenlicht- und Farbflecken, die durch einen Gardinenvorhang erzeugt wurden. Davon war er so begeistert, dass er fortan in dieser Art seine Bilder malte und so zu einem der Wegbereiter der modernen Malerei wurde.

Die nächste Spielstation ist ein Wirtshaus, in dem sich ehemals viele KünstlerInnen einfanden. Dort treffen die Kinder einen Kunstwissenschaftler, der den Kindern aufgrund seiner intimen Kenntnisse der Münchener Kunstszene Hinweise geben kann, welcher Galerist denn überhaupt als Kunstfälscher in Frage käme. Dieser gibt ihnen den Tipp, bei einem ehemaligen Modell von Kandinsky nachzufragen, das sie sicher in der Kunstakademie antreffen könnten.

Dieses Modell kann Bilder vorzeigen, auf denen der Künstler sie verewigt hat. Sie nennt die Adresse einer Galeristin, die wahrscheinlich die Finger im Spiel haben könnte, da sie schon immer dieses besagte Bild von Kandinsky besitzen wollte. In der Galerie sind zwar viele Bilder ausgestellt, die die Galeristin den Kindern gerne zeigt, aber das Gesuchte befindet sich nicht darunter. Bei genauer Beobachtung ist aber in der Galerie die Adresse eines Kunstmalers zu finden, der laut Aussage des Kommissars schon einmal wegen Kunstfälschens im Gefängnis saß. Natürlich finden die meisten Kinder den Zusammenhang heraus, eilen zur besagten Adresse und überführen schließlich den Kunstmaler, der den vermeintlichen KundInnen wortreich seine aktuellen Bilder verkaufen will, als Fälscher. Das gefälschte Bild findet sich hinter anderen Leinwänden versteckt. Es weist eine winzige, aber eindeutige Änderung gegenüber dem Original auf.

Genauer braucht die Spielhandlung nicht erzählt zu werden, denn spannend ist sicher nur das Prinzip und vor Ort finden sich meist andere Maler und Gegebenheiten, die sich für so eine Geschichte eignen, die sich ähnlich oder anders arrangieren lässt. Das zentrale Anliegen sollte in jedem Fall sein, dass Kinder angeregt werden, sich Kunstwerke anzuschauen und sich damit auf spielerische Weise auseinander zu setzen, um gleichzeitig noch nebenbei ein Stück Kunstgeschichte kennen zu lernen. Das meiste Wissen allgemeiner Art wird in „besonderen" Situationen erworben, ohne dass die Lernenden auf Lernen eingestellt sind. Das ist das Wunderbare am entdeckenden Alltagslernen.

KINDER SEHEN IHRE WIRKLICHKEIT

Im Rahmen verschiedener Projekte werden Kinder immer wieder angeregt Bilder und Objekte herzustellen, die Zusammenhänge zum Ausdruck bringen, die sie in ihrem eigenen Lebensumfeld als störend, kränkend oder veränderungsbedürftig ansehen. Solange sie dafür keine Formen der Veröffentlichung finden, verbleiben ihre Wut, Trauer und Kritik im Privaten, was einer unsensiblen Erwachsenenwelt nur recht ist.

In sprachlicher Form äußern Kinder im privaten Umgang vielfach solche Dinge, für die sie aber keine symbolische, allgemeinverbindliche und vor allem sichtbare Ausdrucksform finden. Möglich wäre dies in Form eines Liedes, Theaterstückes, Bildes, Objekts o. Ä. In allen Fällen ist die Voraussetzung, dass sie den jeweiligen Sachverhalt kritisch durchdenken, sprachlich nachvollziehbar fassen und dann dafür ästhetische Gestaltungsformen finden, die als Bilder und Objekte formal spannend und inhaltlich einleuchtend sind, ohne dass sie gleich Kunstwerke sein müssen. So können sie anderen und fremden Menschen gezeigt werden.

KARIKIERENDE KOMPOSITIONEN AUS SCHNIPPELBILDERN

Die Kinder zeichnen etwas im Kleinformat oder fertigen aus gesammeltem, bereits vorhandenem Grafikmaterial eine Collage, die die gewollte Aussage treffend und verständlich zum Ausdruck bringt. Davon wird eine Kopierfolie hergestellt, die - mit einem Overheadprojektor beliebig vergrößert - auf eine Leinwand übertragen werden kann. Dann erfolgt die farbliche Gestaltung und Ausarbeitung, bis die Kinder mit ihrem Werk zufrieden sind.

Material: Leinwände oder Holzplatten in beliebiger Größe, unterschiedliches Grafikmaterial oder Schnippelbuch (18), Klebstoff, OH-Folien, Folienschreiber, Overheadprojektor, Pinsel, Farben

Nicht viel anders sind moderne Maler, wie zum Beispiel Lenbach, vorgegangen, der erst Fotoaufnahmen von seinen Modellen machte, diese dann auf Leinwand zeichnete und daraus anerkannte Kunstwerke entstehen ließ. Das erste technische Hilfsmittel beim Zeichnen von Stadtansichten war übrigens eine Camera obscura, die berühmte Maler ungeniert irgendwo in der Stadt aufstellten, um ihre Kunstwerke zu schaffen, die uns heute ein wahres Bild von den Städten und dem Leben darin zeigen. Wieder andere Künstler benützten einen Ausschnitt aus dem Bild eines alten Meisters, um daraus ein neues Kunstwerk zu schaffen. Auf diese Weise entstand zum Beispiel das berühmte Bild *Frühstück im Freien* von Manet, der diese Szene aus einem alten Kupferstich abzeichnete und der noch lebende Maler Waske hat daraus wieder ein neues Bild geschaffen, mit den Politikern Strauß und Gauweiler samt Frauen in einem sterbenden Wald.

Vorbereitung:

Für den Fall, dass die Kinder nicht eigene Entwürfe machen wollen oder können, legen Sie eine Sammlung von Schwarzweiß-Zeichnungen und Grafikmaterial an, die als Ausgangsmaterial für Collagen dienen kann. Figuren und Gesichter können die Kinder mit Folienstiften direkt auf eine Folie durchpausen. Die notwendige Angleichung der Größenverhältnisse kann über den Kopierer (Vergrößern oder Verkleinern) geschehen. Eine stimmige Komposition im Kleinformat garantiert auch die richtigen Verhältnisse der Einzelteile auf der Großfläche.

Material: 10 - 12 mm dünne Sperrholzplatten bzw. Schrankrückwände vom Recyclinghof, alte Tische oder Türrahmen, Stichsäge, Filzstifte zum Vorzeichnen, Farben, Schrauben oder Nägel, Stichsäge, ggf. Stromanschluss, Feilen, Schmiergelpapier, Akku-Schrauber oder Hämmer

KINDERLÄRM IST FÜRCHTERLICH

Kinder stört, dass sie nirgends Lärm machen dürfen und dass sich Nachbarn und vor allem alte Leute ständig über ihre lauten Spiele aufregen, aber nichts gegen den Straßenlärm unternehmen.

KINDER HABEN RECHTE

Die UN-Kinderrechtskonvention ist der Auslöser für dieses Bild und die wichtigsten Artikel sind auf den Doppelblättern, in denen die Kinder lesen, für den Betrachter niedergeschrieben. Die nahe liegende Absicht ist es, andere Kinder von der Existenz solcher formulierter Kinderrechte, die auch von der Bundesrepublik Deutschland unterschrieben worden sind, in Kenntnis zu setzen und das Wissen darüber zu verbreiten.

UNITED COLORS OF BENETTON ODER: SOLANGE *MIR* DAS WASSER NICHT BIS ZUM HALSE STEHT

Zu der Zeit als das Bild entsteht, gibt es die Großwerbefotos der Firma Benetton mit allen möglichen Schockfotos, die die Gemüter vieler Leute aufwühlen. Alle und natürlich auch die Kinder reden darüber. Ihnen ist klar, dass die Fotoserie die Menschen aus ihrer Gleichgültigkeit gegenüber dem Leid anderer reißen soll; aber die Verbindung mit der Werbung für Mode will ihnen nicht so recht einleuchten und stört sie. Daraus entsteht das kritisch zu verstehende Bild eines Malers, als Sinnbild für viele andere Menschen, der einen Ertrinkenden zum Modell seines Bildes macht!

HOLZFIGUREN ALS LEBENSGROßE SZENEN

Aus einer Sammlung von Schwarzweiß-Zeichnungen und Grafikmaterial oder aus dem Schnippelbuch (18) werden Figuren, Menschen, Tiere und Gegenstände auf OH-Folie kopiert, mit dem Tageslichtprojektor in (Über-)Lebensgröße auf dünne Sperrholzplatten projiziert und mit einem Stift nachgezeichnet. Mit der Stichsäge werden sie ausgeschnitten und dann erst einmal bemalt. Da die dünnen Holzplatten nur durch aufwändige Stützkonstruktionen windfest zu arrangieren sind, verwenden Sie anfangs am besten einen in sich stabilen Gegenstand, wie einen alten Tisch oder Türrahmen. Daran werden nun die Figuren angeschraubt. Die lebensechte Größe verleiht den Holzfiguren eine besondere Wirkung, erst recht, wenn sie beliebig oder einem Thema folgend zu größeren Szenen zusammengestellt und in der Landschaft platziert werden.

ROTER STUHL STELLT SICH FAHRRAD IN DEN WEG: ENVIRONMENT II

Im Zusammenspiel vieler Kinder in verschiedenen Werkstätten und Ateliers können auch große Environments inszeniert werden: Ein altes, leicht verbogenes und verrostetes Fahrrad ist der Ausgangspunkt einer Objektidee. Es ist in einen Stuhl gerast, der ihm zugleich als „Ständer" dient. Dazu wird aus der Sitzfläche ein schmaler Streifen herausgesägt, sodass gerade das Vorderrad hinein passt. Natürlich ist der Fahrradfahrer bei dem Zusammenprall gestürzt und liegt nun am Boden. Er wird aus Draht und Pappmaschee in einer anderen Werkstatt hergestellt und in der Holzwerkstatt werden die ZuschauerInnen, welche die Szene umrahmen sollen, aus Sperrholz ausgesägt und bemalt. Danach fehlt nur noch eine Einkaufstüte, aus der die Sachen herausgefallen sind und weit verstreut herumliegen.

Ganze drei Tage wird an der Szene gearbeitet, dann wird sie in der Nähe eines Weges aufgestellt und bleibt dort bis zum Ende der Aktion. Immer wieder bleiben Passanten stehen, betrachten diskutierend und lachend das ge-

lungene Werk, das gerade in seiner alltäglichen Aussage, die ironisch darin versteckt ist, allgemeine Zustimmung findet: Die Gleichgültigkeit gegenüber den Missgeschicken anderer kommt eher ohne Absicht der Kinder durch den geneigten Blick des „hölzernen Betrachters" zum Ausdruck, die symbolische Bedeutung ist den Kindern aber sofort einsichtig.

BÜHNENBILDER DER ERFAHRUNG: OBJEKTKÄSTEN UND WEITERE ENVIRONMENTS

Objektkästen ganz besonderer Art sind solche mit einer gegenständlichen Inszenierung im Kleinen, die aus vorhandenen und gefundenen Dingen wie aus dazu gebauten Installationen (Häuser, Wüste) kombiniert werden. Ihnen liegt die Absicht zugrunde, damit eine Aussage zu machen oder eine Botschaft, Erinnerung, Warnung zu vermitteln. Krippenlandschaften z. B. erzählen die Geburt Jesu auf bildlich-plastische Weise und verkünden die Botschaft einer christlichen Heilslehre zu Zwecken der Erbauung und Belehrung.

In ähnlicher Weise können auch andere Inhalte verarbeitet werden, die sozusagen als gebaute Bühnenbilder die Erfahrungen der Kinder wiedergeben und ihre Botschaften an die Erwachsenengeneration richten. Die Kinder bringen darin ihren Protest zum Ausdruck, ihre Ängste vor der Zukunft oder ihre Warnungen an eine Welt, die sie so nicht begreifen und akzeptieren können.

Themen wie Naturkatastrophen, Reaktorunfälle oder Krieg können aus der ästhetischen Arbeit mit Kindern nicht aus Angst damit anzuecken ausgeblendet werden. Gerade Kinder erleben solche Ereignisse als besonders bedrohlich und angsterzeugend und sie können in einer extensiven Informationsgesellschaft auch nicht mehr vor ihnen verheimlicht werden. (19) Von irgendwoher erfahren sie es unweigerlich und ihre Fragen zeigen dann überdeutlich, dass sie beruhigende Antworten und Erklärungen suchen. Die gängigste Art der Verarbeitung, nicht anders als bei Erwachsenen, ist schließlich die Verdrängung. Die Bearbeitung eines solchen Themas mit ästhetischen Mitteln und Ausdrucksformen leistet einen Beitrag zur bewussten Auseinandersetzung. Es fördert die Einsicht, dass Probleme nicht einfach achselzuckend zur Kenntnis genommen werden sollen, um dann schweigend zur Tagesordnung überzugehen, sondern dass die

Menschen sich dazu verhalten müssen.

Die Entstehung dieser *Bühnenbilder kindlicher Erfahrung* dürfen Sie sich nicht so vorstellen, dass es immer schon eine fertige Idee gibt, die dann ausgeführt und beendet wird, sondern es stehen verschiedene Arbeiten herum, angefangen, halb fertig, über mögliche Ergänzungen, Veränderungen wird diskutiert und dazu erzählen die Kinder, was sie im Fernsehen gehört und gesehen oder in Zeitungen gelesen haben. Sie bringen Informationen von außen mit, die dann in ihren gegenständlichen Werken und für andere Kinder und Erwachsene veröffentlicht werden.

Partizipationsformen für Kinder stecken trotz erster Ansätze von aktuell entstandenen Kinderparlamenten, meist auf kommunaler Ebene, noch immer in den Kinderschuhen. Ein Ansatz kann ein künstlerisch-ästhetisches Projekt, das Kinder zur produktiven Auseinandersetzung mit politischen Themen anregt, weniger aber durch abstrakt-intellektuelle Bearbeitung, sondern mit künstlerisch-kreativen Methoden und Arbeitsformen.

NACH UNS DIE SINTFLUT: DER ÖLKRIEG ALS SPEKTAKEL – BEEINDRUCKEND UND ANGSTMACHEND ZUGLEICH

Zum Thema Ölkrieg wird in einem großen Holzkasten aus Draht und Pappmaschee eine Wüstenlandschaft geformt. Die Öltürme mit ausgelaufenen Ölseen, zerstörte Häuser und Flugzeuge werden nach und nach dazugebaut. Die nahezu realistische Nachbildung entsteht dadurch, dass ein Kind Fotos vom Kriegsgeschehen mitbringt. Von zu Hause bringen die beteiligten Kinder alte Matchbox-Autos mit, die auf einem Blechteller in ein Feuer kommen, damit sie ein möglichst echtes Aussehen bekommen und dann werden sie entlang einer Wüstenstraße montiert. Die große Freiheitsstatue, die über dem ganzen Szenario thront, soll die tragende und entscheidende Rolle Amerikas in diesem Krieg symbolisieren.

STRASSEN FRESSEN UNSER LAND

Eine kleine Zeitungsnotiz über die Quadratkilometer neu verbauter und mit Beton versiegelter Landfläche für das Straßennetz in Deutschland regt die Kinder zum Bau eines entsprechenden Objektes an. Eine Autobahn zieht sich schwungvoll durch die Luft und endet plötzlich unvollendet vor einem alten Haus, das ihr noch im Wege steht. Sein Abriss ist bereits im Gange und als Ersatz entsteht ein im Gerippe bereits fertiges, modernes Stahlbetonhochhaus mit Eigentumswohnungen. Der darin liegende Widerspruch zwischen alt und neu, nostalgischer und moderner Wohnform wird auf Wunsch eines Kindes so ausgeführt. Mehrheitlich ist den Kindern das Wohnen in modernen Hoch- und Reihenhäusern aber kein Problem, da sie eine alternative Erfahrung nicht haben und die Frage von Wohnqualität für sie kaum ein Thema ist.

Variante: In ähnlicher Weise entstehen noch viele Objektkästen wie eine Erdbebenlandschaft, Krieg in Ex-Jugoslawien, eine Zukunftsstadt und ein romantischer Bauernhof als Modell für das Leben früher, aus dem nur der mühselige Alltag und die Nöte der Menschen nicht mehr abzulesen sind und der eher zum Träumen verführt, aber warum nicht.

DAS ANDERE BAUWERK: EIN OZON-DENKMAL

Ein Bauwerk ganz anderer Art ist das so genannte „Ozon-Denkmal", das Kinder aus nahezu allen Materialien, die sie im Spielraum auftreiben können, errichten: Holzstämme als Mittelgerüst, worüber nach zwei Seiten eine lange, durchsichtige Folie als Himmel gespannt wird. Dort hinein werden viele tellergroße Löcher geschnitten, die symbolisch die Ozonlöcher der Atmosphäre sichtbar werden lassen. Unter dem Himmel wird aus Holz und Karton ein Haus gebaut, sozusagen als Schutz für die Menschen. Das Ganze wird dann noch bemalt und beschriftet, auf dass niemand unaufmerksam und unaufgeklärt vorübergehe.

WIE KINDER WOHNEN WOLLEN: ARCHITEKTURENTWÜRFE FÜR MORGEN

Der Auftrag ist einfach und schwierig zugleich. Erfahrungsgemäß stellt er eine Überforderung für die Kinder dar; ähnliche Planspiele vom besseren Spielplatz, der kindgerechten Stadt oder dem spielfördernden Schulhof machen dies deutlich. Kinder reproduzieren erst einmal die ihnen bekannten Standards, bauen dann zwar fantastische Gebilde, die aber selten etwas mit ihrer Wirklichkeit zu schaffen haben. Deshalb sind viele eher geneigt, es gleich bleiben zu lassen und diese Aufgabe den ArchitektInnen, LandschaftsgärtnerInnen und anderen Fachleuten zu überlassen. Bei längerer Beschäftigung damit ist aber doch zu entdecken, dass langsam in die reinen Wunschprojektionen der Kinder auch ihre alltäglichen und praktischen Erfahrungen mit einfließen und Berücksichtigung finden. Sie werden für gebaute Strukturen und die Wohnqualität von Stadtvierteln sensibel. Ihnen fallen architektonische Unterschiede in ihrer unmittelbaren Umgebung auf. Eine Auseinandersetzung solcher Art braucht viel Zeit und auf die Schnelle kommt es nicht zu neuen und überraschenden Ergebnissen. Dafür fehlen den Kindern die Voraussetzungen und auch die Fantasien, die erst geduldig in Gang gebracht werden müssen.

Die Häuser und Gebäude entstehen vorwiegend aus Holz, Draht und Pappe. Zunächst in großen, schwungvollen Entwürfen, die sich um spezielle Details nicht zu kümmern brauchen. Es geht erst einmal darum die gängigen, eingefahrenen Muster und Vorstellungen zu überwinden und Freiräume in der Gestaltung neuer Bauformen zu finden.

Kinder müssen erst sensibel werden für architektonische Zusammenhänge, für die Tatsache, dass Gebäude, Häuser und Wohnungen geplant und entworfen werden, bevor sie aus Ziegeln oder Beton aus dem Boden wachsen. Kinder zeichnen Grundrisse nicht nach der Realität, sondern nach ihrem Lebensgefühl und sie führen einen Betrachter auf der Zeichnung durch ihre Wohnung vom Eingang aus nacheinander durch alle Zimmer, die wie Perlen an einer Schnur aufgereiht werden. Mit einem Plan im gewöhnlichen Sinn hat die Wohnungs- oder Hauszeichnung wenig gemein. Das spielt für die eigenen Entwürfe zunächst keine große Rolle, weil die Kinder sich von den wirklichen Verhältnissen frei machen können. Allmählich erfahren und begreifen sie, dass ein Haus nach einer bestimmten und eigenen Logik entsteht und vor allem, dass die gebaute und gelebte Umwelt eine von Menschen gemachte ist. Mehr ist auch fürs Erste nicht nötig, denn unabhängig davon entstehen einfach schöne und fantastische Wohnwelten als Träume für ein anderes Leben.

Deutlich werden soll aber vor allem, dass sich die ästhetisch-künstlerische Arbeit mit Kindern nicht vorrangig das Produzieren musisch-schöner Kindersachen als Aufgabe setzen soll, sondern dass kindliche Fantasie und schöpferische Kraft sich notwendig auf die Auseinandersetzung mit ihrer aktuellen Wirklichkeit richten muss. Nur so können Kinder ihr zukünftiges Leben auch mit den Altlasten ihrer Elterngeneration bewältigen. Das wäre die eigentliche, verantwortungsbewusste Aufgabe von ästhetischer Erziehung im Rahmen einer neuen Kinderkulturpädagogik.

LITERATUR

(1) vor allem: Kultur & Spielraum (ed.): Kulturpädagogisches Lesebuch 4/Teil 1. Die neue Kinder und Jugendkulturarbeit. München 1989

(2) Kultur & Spielraum (ed.): Kulturpädagogisches Lesebuch 4/Teil 2. Spielstadt Mini-München. München 1988

(3) Karl Gerbel, unveröffentl. Redemanuskript, o. O., o. J.

(4) H.-J. Heydorn: Studien zur Sozialgeschichte und Philosophie der Bildung. München 1973

(5) Mark Twain: Huckleberry Finns Abenteuer. 3. Aufl. Frankfurt/Main 1982

(6) J. Piaget: Der Aufbau der Wirklichkeit beim Kinde. Stuttgart 1974

(7) H. Saner: Geburt und Phantasie. Basel 1977

(8) S. Freud: Vorlesungen zur Einführung in die Psychoanalyse. Frankfurt/M. 1991

(9) Hartmut von Hentig: Die Schule neu denken. 7. Aufl. München 1995

(10) H. v. Hentig: Aufwachsen in Vernunft. Stuttgart 1981

(11) Hildburg Kagerer: Kreativität in der Schule. In: Pädagogik 4/1995

(12) Oskar Negt: Kindheit und Kinderöffentlichkeit. In: Gerd Grüneisl/Wolfgang Zacharias: Die Kinderstadt - eine Schule des Lebens. Hamburg 1989

(13) Oskar Negt, a. a. O.

(14) siehe: R. Seitz: Zeichnen und Malen mit Kindern. München 1980 - A. Staudte: Ästhetisches Verhalten von Vorschulkindern. Weinheim/Basel 1977 - D. Widlöcher: Was eine Kinderzeichnung verrät. München 1977

(15) J.-J. Rousseau: Emile oder über die Erziehung. Paderborn 1989

(16) S.L. Rubinstejn: Grundlagen der allgemeinen Psychologie. Berlin 1973

(17) J.A. Comenius: Große Didaktik. Stuttgart 1992

(18) Gerd Grüneisl: Schnippelbuch 2. Bilderarchiv der visuellen Wirklichkeit. München 1991

(19) vgl. Helga Theunert u. a.: Zwischen Vergnügen und Angst - Fernsehen im Alltag von Kindern. Berlin 1992

Weitere Informationen und Literatur zu einzelnen Projekten und Bausteinen bei:

Ursulastr. 5 · 80802 München
Tel.: 089/34 16 76

DER AUTOR

Gerd Grüneisl, geboren 1944, trotz kritischer Einstellung zur bayerischen Lebensrealität, ein unverbesserlicher Münchner, verheiratet, zwei Kinder.

Nachkriegskindheit mit schönen Erinnerungen an unkontrollierte, vielfältige Spielplätze, übliche Schullaufbahn bis zum Abitur 1963, Studium der Architektur.

Anschließend Ausbildung an der Kunstakademie in München mit Ausflügen nach Venedig und Paris. Der Not gehorchend zunächst Kunsterzieher an Gymnasien, dann der Einsicht folgend den Schuldienst quittiert.

Seit 1970 Aufbau und dann Gründung der Pädagogischen Aktion mit dem Ziel, neue Wege in der ästhetischen Erziehung zu erproben.

Seit 1976 freiberuflich im Interesse einer neuen, innovativen Lernkultur für Kinder und Jugendliche in der außerschulischen Kinder- und Jugendkulturarbeit tätig. Auf diesem Weg vom „Lehrer" zum selbst ernannten „Kulurpädagogen" mutiert, einer waghalsigen Berufsexistenz zwischen Kunst, Pädagogik und Alltagskultur.

"Ich habe eine große Vorliebe für historische Spielräume, wildwüchsige Kinderkunstaktionen und für die Kinderspielstadt Mini-München, die bisher viele nachgeahmt haben, aber letztendlich nicht nachmachen konnten, da sich darin Lernen, Kultur und Leben nur dann pädagogisch sinnvoll vereinen, wenn dafür die Voraussetzungen geschaffen werden. Das bedeutet, dass der Lehrer wieder zu dem wird, was er eigentlich immer sein sollte: ein Wegbereiter für autonomes, selbstbestimmtes Lernen der Kinder, einer, der die Flamme der Neugier in ihnen am Leben erhält."

Ökotopia Spiele- und Buchversand

Fordern Sie unser kostenloses Versandprogramm an:

Ökotopia
Spielevertrieb und Verlag
Hafenweg 26
D–48155 Münster
Tel.: (0251) 661035 Fax: 63852

Kinder spielen Geschichte

Im KIGA, Hort, Grundschule, Orientierungsstufe, offene Kindergruppen, bei Festen und Spielnachmittagen

Die erfolgreiche Reihe aus dem Ökotopia Verlag

bereits 3. Auflage

Gipsy und Franz Baumann

Mit Mammut nach Neandertal
Kinder spielen Steinzeit

Ob es um das Nähen einer Steinzeitweste oder um die Lammkeule im Steinzeitbackofen geht, lebendiger kann Geschichte nicht sein. Sachinformationen, Vorlesegeschichten und zahlreiche Spiel-, Bastel- und Kochvorschläge.

ISBN: 3-925169-81-4

Bernhard Schön

Wild und verwegen übers Meer
Kinder spielen Seefahrer und Piraten

Wetter und Wind, Lust auf fremde Länder, gefährliche Abenteuer und reiche Beute.
Und wer das Ganze mit der passenden Musik untermalen will, findet echte Shanties und andere Lieder zum Mitsingen und -spielen auf dem Tonträger.

ISBN (Buch): 3-931902-05-06
ISBN (MC): 3-931902-07-2
ISBN (CD): 3-931902-08-0

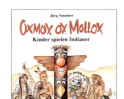

bereits über 40.000 Gesamtauflage

Jörg Sommer

OXMOX OX MOLLOX
Kinder spielen Indianer

„Wer mit Kindern qualifiziert und ohne es zu verklären Indianerleben verwirklichen möchte, braucht dieses Buch."
(Aus: Eselsohr 3/93)

ISBN: 3-925169-43-1

bereits über 15.000 Gesamtauflage

Kristina Hoffmann-Pieper u.a.

Das große Spectaculum
Kinder spielen Mittelalter

Durch Sachinformationen, Vorlesegeschichten und zahlreiche Spiele, Basteleien und Kochvorschläge wird der Alltag in einem mittelalterlichen Dorf, in der Stadt und auf einer Ritterburg lebendig.

ISBN: 3-925169-78-4

Auf den Spuren fremder Kulturen

Miriam Schultze

Sag mir wo der Pfeffer wächst
Spielend fremde Völker entdecken
Eine ethnologische Erlebnisreise für Kinder.

Durch die Kombination von spannenden Geschichten, anregenden Spielen und interessanten Sachinfos können sich Kinder mit der Arbeit der Ethnologen vertraut machen.

ISBN: 3-931902-15-3

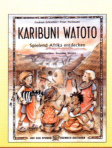

G. Schreiber – P. Heilmann

Karibuni Watoto
Spielend Afrika entdecken

Mit Spielen, Liedern, Tänzen, Basteleien, Geschichten, Rezepten und Projekten führt das Buch in einen anderen Kulturkreis ein.

ISBN (Buch): 3-931902-11-0
ISBN (MC): 3-931902-13-7
ISBN (CD): 3-931902-12-9

Mit-Spiel-Lieder und Bücher aus dem Ökotopia Verlag
Hafenweg 26 · D-48155 Münster

Bereits über 15.000 verkaufte Exemplare

Bernhard Schön
Wild und verwegen übers Meer
Kinder spielen Seefahrer und Piraten

Wetter und Wind, Lust auf fremde Länder, gefährliche Abenteuer und reiche Beute.
Und wer das Ganze mit der passenden Musik untermalen will, findet echte Shanties und andere Lieder zum Mitsingen und -spielen auf dem Tonträger.

ISBN (Buch): 3-931902-05-06
ISBN (MC): 3-931902-07-2
ISBN (CD): 3-931902-08-0

Annette Breucker
Da ist der Bär los...
Kooperative Mit-Spiel-Aktionen für kleine und große Leute ab 3 J.

Presseecho:
"...ein reizvolles, spannendes und lustiges Unternehmen... Endlich einmal etwas Neues auf dem Spielbuchmarkt! - Empfehlenswert."
(Aus: Das neue Buch/Buchprofile, 1/91)

ISBN: 3-925169-24-5
dazu **MusiCassette ISBN:** 3-925169-58-X

Monika Schneider
Gymnastik-Spaß für Rücken und Füße
Gymnastikgeschichten und Spiele mit Musik für Kinder ab 5 Jahren

Daß Gymnastik sehr viel Spaß machen kann, lustig und motivierend ist, zeigen die Übungen dieses Buches.
Fetzige und illustrierende Musik sorgt für zusätzlichen Schwung und gute Laune.

ISBN (Buch incl. CD): 3-931902-03-X
ISBN (Buch incl. MC): 3-931902-04-8

Wolfgang Hering
Kinderleichte Kanons
Zum Singen, Spielen, Sprechen und Bewegen

Mit den kinderleichten Kanons gelingt es auf einfache Weise, Mehrstimmigkeit zu erzeugen, den Spaß am Singen aufzugreifen und die Konzentration zu fördern. Fast siebzig Sing- und Sprechkanons sind in dem Buch zu finden. Zusätzlich gibt es reichhaltige Tips zum Spielen, Tanzen und Bewegen.

ISBN: (Buch incl. CD): 3-925169-90-3
ISBN: (nur Buch): 3-925169-91-1
ISBN: (MC): 3-925169-92-X

Gisela Mühlenberg
Budenzauber
Spiellieder und Bewegungsspiele für große und kleine Leute

Bereits über 20.000 verkaufte Exemplare

Presseecho:
"Ein empfehlenswertes Buch für alle, die mit Kindern Spiel, Spaß und Bewegung erleben wollen!" (Aus: Sonderschulmagazin 3/93)
"Alles ist gut erklärt und ohne großen Aufwand zu machen – kurzum, ein zuverlässiger Rettungsring, wenn es heißt: Kannst du nicht was Tolles mit uns spielen?" (Aus: WAZ, 19.9.92)

ISBN: 3-925169-41-5
dazu **MusiCassette ISBN:** 3-925169-63-6

Ilonka Breitmeier
Von Krokodilen und ganz anderen Ungeheuerlichkeiten
Ermutigende und hilfreiche Geschichten für Kinder ab 4 Jahren

Mit viel Humor werden Hilfen angeboten sowie Lösungen und Antworten vermittelt. Die Geschichten sind aus dem kindlichen Alltag gegriffen. Dennoch entführen sie ihre Leser in fantastische und geheimnisvolle Welten.

ISBN (Buch): 3-931902-16-1
ISBN (MC Traumzeiten) mit Schlafliedern: 3-931902-17-X

Tänze für 1001 Nacht
Geschichten, Aktionen und Gestaltungsideen für 15 Kindertänze ab 4 Jahren

Bereits über 10.000 verkaufte Exemplare

Kinder lieben es, sich zu Musik zu bewegen und ausgelassen zu tanzen.
Dieses aufregende Spiel- und Aktionsbuch bietet in fünfzehn Einheiten zahlreiche Ideen zum spielerischen Einstieg ins Tanzen.

ISBN (Buch incl. CD): 3-925169-82-2
ISBN (nur Buch): 3-925169-86-5
ISBN (nur MC): 3-925169-83-0

Volker Friebel
Weiße Wolken – Stille Reise
Ruhe und Entspannung für Kinder ab 4 Jahren. Mit vielen Geschichten, Übungen und Musik

bereits 2. Auflage

Mit den leicht verständlichen Anleitungen in diesem Buch und der einfühlsamen Musik können Erwachsene gemeinsam mit Kindern Stille, Meditation, Konzentration und Entspannung neu entdecken.

ISBN (Buch incl. CD): 3-925169-95-4
ISBN (Buch incl. MC): 3-925169-94-6